時間と言語を考える
「時制」とはなにか

開拓社
言語・文化選書
61

時間と言語を考える

「時制」とはなにか

溝越 彰 著

開拓社

まえがき

　時計の中はどうなっているのだろうか。最近のディジタル時計は，中をのぞいても電子回路チップが入っているだけで，素人にはそれ以上のメカニズムは分からない。けれども，機械時計なら，その仕組みに興味を持ったことのある人も多いのではないだろうか。筆者は，小学校入学のころ，父親が裏蓋を開けて見せてくれた腕時計にぎっしりと詰め込まれた部品の精巧さと繊細な動き，さらに，ベアリングの（人造？）ルビーの輝きに魅せられた。そして，中学生のとき，理科室のPTAから寄贈された立派な掛け時計を，人がいないのを幸いに分解し始めた。全部品を取り出して眺めたあと，いざ組み立て直そうとしたが，伸びきったゼンマイをもとの位置に収めることがどうしてもできない。いたずらがばれて理科の先生に怒られたのは言うまでもない。

　本書のテーマは時計ではなくて言語の「時制」だが，同じような素朴な好奇心に突き動かされて，その成り立ちやメカニズムを探ってみたいというものである。ねらいは，物理的には万人にとって等質なはずの「時間」が，言語ごとにどのように切り分けられ，また，どのような文化的意味づけを施されているかということを概観することである。

　時制の問題を扱っている文献の数は計り知れない。英語に関する日本の比較的最近の主要文献だけを見ても，安井（1996）や安藤（2005）のような総合的な文法書は，必ずその中にしかるべき項目を立てているし，このテーマに限定した専門書も少なくない。中でも，柏野（1999）は，それまでの文献を網羅して事

v

例を丹念に解説したきわめて重宝な一冊である。

　けれども，これらはいずれも事例や現象の記述と解説が主な内容であり，なぜそのような仕組みになっているのか，その「メカニズム」の説明には踏み込んでいない。時制なんて出来事の時間を表すだけの単純な仕組みにすぎないように見えながら，関連する「アスペクト」（相）を含めて，分かっていないことだらけである。たとえば，ごく基本的な文法事項と思われている英語の完了形と進行形が意外な難問であり，その性質がまだ解明されていないのである。日本語で過去を表すとされているおなじみの「た」でさえ，文法的な位置づけに関して意見が分かれている。

　本書は，このような「謎」に挑戦して「なぜ」と問いかけてみようというものである。大風呂敷を広げていくつかの大それた提案も行うため，推論（speculation）も多い。本書のタイトルに「考える」とあるのはこのためである。ともかく，敢えて一石を投じることで，読者の方々の心の中に新たな関心や疑問の波を起こして，それぞれに考えていただきたいと願うものである。

　問題の一部は溝越（1999）で試論的に扱ったものであるが，本書では，自分の頭の中で分散している断片的な知識を寄せ集めて1冊の本にまとめることによって，時制という言語の仕組みをできるだけ多面的に紹介しようとしている。

　もとより，筆書の言語に関する知識などたかが知れている。外国語はと言うと，生業とする英語のほかは，スペイン語など，ヨーロッパの言語を少々かじった程度である。それを補うために，とりわけコムリー（Comrie（1985））やダール（Dahl（1987））による世界の多くの言語に関する研究に大きく依存しているし，時制研究の第一人者であるビニック（Binnick）によって，それまでの時制研究の総まとめのようなハンドブックが2012年に出版され

たのも助け船になった。テーマごとに，従来の言説や最新の知見の紹介を含め，用例や考察をさまざまな書に求めている。

話の一部は，授業や市民講座で語ったことである。それを土台にした本書は，言語の専門家よりも一般読者を念頭においている。そのため，できるだけ分かりやすく砕けた表現を心がけたが，同時に，基本的な用語や事項の解説なども含むために話が膨らんだり脇道にそれたりする部分も少なくない。したがって，無用と思われる部分は読み飛ばしていただいてさしつかえない。ただし，問題によっては，他の箇所を参照する必要もあると思われるが，その便宜のためにできるだけ該当箇所を記すことを心がけた。

*

構成について述べると，本書は，時計の文字盤の数字よりも一つ多い13章から成り，内容はそれぞれ次のようになっている。

第1章：人間は時間をどのように捉えているのだろうか。時制を考えるにあたってのいわば下地にする目的で，哲学や心理的な問題を織り交ぜて人間の時間に対する観念について考える。

第2章：時制とは出来事の時間的位置づけを表すだけの仕組みだろうか。結論を先取りする形で，時制は話し手がどのような思いで話しているのかという「発話態度」に関わるシステムだという立場に立って，時制の働きを考える。

第3章：英語の現在完了は，従来言われてきたように「アスペクト」なのだろうか。この構文は，発話にとってどのような意味のあるものかという観点から，その文法的特質を考える。

第4章：同じく英語の進行形はいったいなにを表す仕組みなのだろうか。「継続」などの「アスペクト」の枠には収まりきれないさまざまな用法が，進行形をどのように考えれば統一のとれた説明ができるのかという観点から，その文法的特質を考える。

第 5 章：英語の will という助動詞は「未来時制」と言えるだろうか。その意味的な性格を確かめるとともに，時制と見なされるに至った歴史的経緯について考える。

第 6 章：「過去」とは，言語的に，どのような特質があると見なされる時間領域なのだろうか。言語ごとのさまざまな過去時制を紹介するとともに，とりわけ，英語の過去時制の性格とスペイン語の二つの過去時制について考える。

第 7 章：日本語の「た」は過去を表す助動詞だろうか。そうでないとする見方を紹介しながらその性格を探るとともに，日本語の言語的特質との関わりについても考える。

第 8 章：「不定詞」とは，意味機能という観点からすると，どんな性格を持っているのだろうか。英語で不定詞が用いられるいろいろな構文を見渡しながら，時制標識のある定形動詞と違って，「不定」ということがどのような意味を持つのかを考える。

第 9 章：幼児はどのようにして時制を習得するのだろうか。幼児の時間の把握および時制に関する言語発達のプロセスについて，最新の知見を踏まえて考える。

第 10 章：小説や物語などで時制はどのような役割を果たしているのだろうか。時制を革新的な観点から見直したヴァインリヒ (Weinrich) の業績や「昔ばなし」の構成などを踏まえながら，この問題を考える。

第 11 章：時制と上述の「発話態度」とは，どのように結びつくのだろうか。コムリーやダールが紹介しているユニークな時制標識を持つ言語の例を見ながら，そもそも時制がなぜ「発話態度」に関係するのかという問題について考える。

第 12 章：時制による時間の区切り方には，どのようなタイプがあるのだろうか。「サピア゠ウォーフの仮説」で知られる

ウォーフ（Whorf）が観察した「インディアン言語」も踏まえながら，時制体系と「世界観」の関わりまで踏み込んで考える。

第13章：上記の世界観の問題は「サピア＝ウォーフの仮説」と関係するのだろうか。この「仮説」に関する最新の見解を紹介しながら，本書のまとめも兼ねて考える。

各章は，多かれ少なかれ他の章ともつながりはあるが，分解された時計の部品に似て，それぞれの趣は異なっている。各章とも，言語学的な考察と人間の心理や文化に関する話がないまぜになっているが，その比重も異なっている。たとえば，3章，4章および8章は，問題の性質上，英語の構文についての分析が大きな割合を占めている。したがって，関心のある章を中心に読んでいただければ幸いである。

*

黒人公民権運動で有名なキング牧師（Martin Luther King, Jr., 1929-68）は，The time is always right to do what is right.（正しいことはいつやってもよい）ということばを残している。「だから，やるべきことは今すぐやりなさい」という意味だが，生来の怠け者としては腰が重いのが現実である。そうこうするうちに，「光陰矢のごとし」（Time flies）で，たちまち老境に至った感がある。生きざまを振り返ると，心弾む思い出だけでなく，まさに「穴があったら入りたい」と思うことや今でも顔向けできないこと，心の痛む記憶であふれている。「時」を扱うにあたって，そんな苦い思いもかみしめながらの作業であった。

2011年3月11日，「東日本大震災」が起きた。筆者の家は仙台の北隣りの町にあり，津波の被災地にほど近いため，以来，ボランティア活動を含めて何度か足を運んだ。震災で家や家族を

失った人々は,「時間」に対してどのような思いをいだいているのだろうか。亡くなった家族の壊れた時計を形見にしている人もいた。津波に飲まれる直前の妻から携帯電話に届いていたメッセージをいまだに開く勇気がないという人もいた。このような人々にとって,「時の歩み」は止まったままかもしれない。

言語研究の道を進むにあたって,恩師の秋山怜先生,今は亡き柴田黎児先生,大学院時代の助手として指導して下さった鈴木英一氏,そして,安井稔先生はとりわけありがたい存在である。中でも,安井稔先生は,齢九十代半ばに差しかかり,また,全盲というハンディを抱えながら,いまだにたゆみない執筆を続けていらっしゃる。自分が少しまとまった仕事をしてみて改めてその偉大さが分かるように思われる。高い峰は,あたりの高台や小山に登って見るときに,いっそう高くそびえ立っていることに気づかされる。安井先生に対する気持ちにはそんな趣がある。

本書にとり組もうと思ったきっかけは,開拓社の「言語・文化選書」シリーズの開始であり,言語と時間の関係というテーマはちょうどこの選書の趣旨にふさわしいのではないかと考えて腰を上げたものだった。このシリーズは,同社の編集者,川田賢氏の発案によって開始されたものである。川田氏は,安井先生の著作を始め,多くの学術書の編集を手がけてこられたが,その編集者としての力量と誠実で情熱的な人柄も大きな励みとなった。

本書を出版するにあたって,具体的な面でも心の面でも支えてくださった方々に対する感謝とともに,震災被害に遭われた方々に謹んで哀悼の祈りを捧げたい。

2016 年 3 月 11 日

溝越　彰

目　　次

まえがき　*v*

第1章　時間と時制の関わり合い ……………………………… *1*

　1.1.　時制のパラドックス　*1*
　1.2.　時間のイメージ　*4*
　1.3.　時制の成り立ち　*14*

第2章　時制のもう一つの顔 ……………………………………… *21*

　2.1.　発話と「心的態度」　*21*
　2.2.　真偽判定のための文法的標識　*24*
　2.3.　文法は聞き手のためのもの　*25*

第3章　英語の「完了形」が表すもの …………………………… *28*

　3.1.　「完了相」と「完了形」　*28*
　3.2.　「現在完了」の言語比較　*29*
　3.3.　やっかいな英語の完了形　*33*
　3.4.　英語の現在完了の用法　*34*
　3.5.　英語の現在完了の時間構造　*37*
　3.6.　過去完了と未来完了　*45*
　3.7.　現在完了の変化　*51*
　3.8.　まとめ：真偽判断の二つのモード　*52*

第4章　英語の「進行形」が表すもの ……………………… 54
- 4.1.　つかみきれない英語の進行形の姿　*54*
- 4.2.　進行形の多彩な用法　*57*
- 4.3.　アスペクトか時制か　*58*
- 4.4.　相対時制としての進行形　*59*
- 4.5.　進行形の表す時間　*64*
- 4.6.　「解釈」の用法について　*75*
- 4.7.　「接線」としての進行形　*77*
- 4.8.　感情的色彩　*79*
- 4.9.　増える使用率　*81*

第5章　英語の「未来時制」と近代的時間意識 ……………… 83
- 5.1.　未来時制の性質　*83*
- 5.2.　英語の「未来時制」　*85*
- 5.3.　時間の近代化と疎外　*96*
- 5.4.　アメリカ合衆国の時間事情　*97*

第6章　過去という時間領域の性質 …………………………… 100
- 6.1.　とりあげる問題　*100*
- 6.2.　過去の文法的表し方　*101*
- 6.3.　英語の過去時制　*102*
- 6.4.　スペイン語の二つの過去時制　*105*

第7章　「た」と日本語の時間意識 …………………………… 116
- 7.1.　過去を表すだけでない「た」　*116*
- 7.2.　「た」の意味　*117*
- 7.3.　失われた過去と固まった過去　*118*
- 7.4.　異なる見解　*120*
- 7.5.　日本人の時間意識　*124*
- 7.6.　日本における時間観念の成立　*126*

7.7. 「空間」としての時間　*127*
7.8. 「過去」と「昔」　*129*
7.9. 日本語のメンタリティー　*130*

第8章　英語の不定詞と真偽値　*134*

8.1. 不定詞は真偽値を持つか　*134*
8.2. 命令文　*135*
8.3. 従属節の原形不定詞　*136*
8.4. to不定詞　*137*
8.5. まとめ：英語の不定詞の経済性　*147*

第9章　言語習得と時制　*148*

9.1. 言語差の大きなシステム　*148*
9.2. 英語の時制習得　*149*
9.3. 他言語の例　*152*
9.4. アスペクトの理解　*154*
9.5. 時制の出現　*156*
9.6. 「過剰一般化」の道筋　*156*
9.7. 「心的世界」の出現　*158*
9.8. 理解力か情報処理能力か　*159*
9.9. 未来時制習得の意義　*160*

第10章　物語と時制　*162*

10.1. 時制と文体　*162*
10.2. 「説明」の時制と「語り」の時制　*163*
10.3. 時制の使い分けによる浮き彫り効果　*165*
10.4. 日本語の「ル形」と「タ形」　*167*
10.5. 「話」と「語り」　*168*
10.6. 昔話の特色　*170*
10.7. 物語の実験的手法　*177*

第 11 章　時制と「真理」の関わり 179

11.1.　時制と発話態度　*179*
11.2.　引用時制　*180*
11.3.　証拠時制　*182*
11.4.　時制の二重の働き　*184*
11.5.　「時」が真理値に関わる理由　*188*

第 12 章　非対称な過去と未来 189

12.1.　未来と過去の細分化　*189*
12.2.　過去の仕分け　*191*
12.3.　心理的距離　*193*
12.4.　現在と未来／過去とのつながり　*194*
12.5.　ウォーフのホピ語観　*196*
12.6.　得体の知れない未来　*197*
12.7.　過去と大地のつながり　*199*
12.8.　アイデンティティの拠り所　*201*
12.9.　非対称な「砂時計」　*202*

第 13 章　時制と「世界の見え方」: まとめに代えて 204

13.1.　サピア゠ウォーフの仮説　*204*
13.2.　ことばの強制力　*206*
13.3.　世界観との関わり　*207*
13.4.　結語　*210*

引用文献　*213*

索　　引　*221*

第1章　時間と時制の関わり合い

1.1. 時制のパラドックス

　多くの言語には,「時制」という文法的な仕組みがある。英語では tense と呼ばれる。もともとラテン語の tempus に由来する語で, その意味はなんのことはない 'time' だが, ラテン語が使われているところはいかにも学術的な感じがするし, 実際, 後述するように, 英文法はラテン語文法にならって作られたものなのである。

　日本語の「制」は「のり」「おきて」「さだめ」, つまり「制度」のことで, tense 以上にいかめしい響きがする。内容を見ると, たとえば,『広辞苑』(第6版) には,「動詞が表す事態の時間的位置 (過去・現在・未来など) を示す文法範疇, また, それを表す言語形式」とある。英語でいえば,「過去」「現在」「未来」というおなじみの区別である。英語の動詞の活用や「文法」で苦労した人は少なくないと思われるが, Dahl (1987) によると, 論理哲学者のクワイン (Willard Quine, 1908-2000) は,「時」のことなんてまったく頭にないときでも, いちいち動詞の「時制」

を考えて話さなければならない，と，そのやっかいさを嘆いていたという。英語が母語で，しかも頭脳明晰なはずのクワインでさえこうなのだから，私たちのように外国語として学ぶものには，いっそうやっかいに思われて当然だろう。では，なぜ，そんなやっかいな仕組みがあるのだろうか。

「時制」が言語に存在する理由について，中埜 (1976: 163) は，次のように述べている。

> 言語は，伝達すべき情報の内容として過去や未来のことを含まざるをえないうえに，過去や未来そのものがいわば重層化されているために，それを誤りなく伝えるためには，語彙としてさまざまな時間表現（今日，明日など）を含むと共に，言語そのものが時間的構造化を行うことになる。それがいわゆる時制であり，それはさまざまの民族言語によって特異の構造を持つが，このことはそれぞれの民族が独自の時間観念を持つことと対応するものであろう。

この引用の最後の部分，すなわち，言語ごとの時制と時間観念との関係については，第12章と第13章で扱うことにするとして，ここでの問題は，「言語そのものが時間的構造化を行う」という部分である。この構造化が「時制」にあたるわけなのだが，細分化された時間を表すさまざまな時の表現があるのは分かるとしても，なぜ言語そのものが構造化されるのか，ということは，上の文言からは分からない。

そもそも「時制」がないと考えられる言語もある。中国語がその一例だが，Lin (2012) は，ほんとうにないのか，あるいは，形に表れないだけかを慎重に検討した上で，時制はないという考えに傾いている。時制なんかなくても，中国語は，出来事の時間

を表すのに困ることはない。「経験」を表すguo（过＝過），「完了」を表すle（了），「進行」を意味するzai（在）などの助詞と「昨天」（＝昨日）や「明天」（＝明日）のような時の副詞の組み合わせで間に合うどころか，『三国志』のような壮大な歴史書さえ生み出すことができるのである。

　時制がなくても済むのに，なぜ多くの言語には時制などというものが備わっているのだろうか。もし「時制」が「事態の時間的位置」（『広辞苑』）を表すだけなら，クワインのような論理には強いはずの哲学者でさえ嘆くような仕組みをわざわざ用意するだろうか。本書の最大のねらいは，時制とは，単なる時間記述装置ではない役割を持つものだということを明らかにしていくことである。

　中埜（1976: 163）は，「時間的構造化」に続けて，時制はさまざまの民族言語によって特異の構造を持つが，このことはそれぞれの民族が独自の時間観念を持つことと対応するだろう，とも述べている。この主張は正しいだろうか。仮に対応があるとすれば，それはどのようなものだろうか。これはまさに「言語と文化」というこの選書シリーズのテーマに関わる問題であり，これについても考えてみることが本書のもう一つのねらいである。

　なお，先に進むにあたって，用語についてことわっておかなければならない。それは，上記の『広辞苑』の引用にある「事態」ということばである。これは，文献によって「状況」「事象」「行為」などと呼ばれるし，英語でも，situation, event など，さまざまな表現が使われており，それぞれに意味内容やニュアンスも異なる。本書では，すべての総称として，あまり学術的な用語とは言えないかもしれないが，「出来事」という，比較的なじみやすいと思われることばを一貫して使うことにする。これには，正

確に言えば出来事とは言えない「状況」なども含むということである。

もう一つ,「時」と「時間」という二つのことばの違いについてである。あとの第7章6節で見るように,点としての「時」が並んだもの,あるいは,「時の流れ」が「時間」であるが,本書では,便宜上,とくに区別する必要がある場合を除いて,「時間」をカバータームとして用いることにする。

1.2. 時間のイメージ

「時制」を考えるにあたって,まず,『広辞苑』の定義の中にもある「時間」という概念について触れておこう。「時間」の不可思議について,聖アウグスティヌス (Aurelius Augustinus, 354-430) の「それでは時間とは何なのか？誰かに聞かれなければ,私は知っている。聞かれて説明しようとすると,私は知らない」という有名なことばがある。このように,「時間」とは,私たちは自明なものとして,自分自身の存在と同様,ふだんはその存在や性質を意識することすらないが,一見して当たり前なものほど説明が難しいという例に漏れず,古代以来の神学や哲学はもとより,宇宙論や物理学などの重要なテーマとなって,それこそ無数の言説や出版物であふれている。本書では,言語に関係すると思われる側面に限って,次のセクションで「時間」の特色について見ておくことにする。ただし,時間論なんて,という方は読み飛ばしていただいてかまわない。

1.2.1. 直線の時間と円環の時間

空間と違って,私たちは時間の姿を直接的に捉えることはでき

ない。そこで，Lakoff and Johnson (1999: 137-169) の言うように，時間は空間表現を借りて表されることが多い。具体的には，空間的運動やものの数量になぞらえてということである。Traugott (1978: 373) は，英語を習得中の幼児は when 疑問を where 疑問として理解するという観察を紹介しているが，ここからも空間認識のほうが基本だと分かる。Lakoff and Johnson によると，時間を表す空間的な比喩は次の4パターンに大別される。(1) 方向の比喩，(2) 運動の比喩，(3) 観測者自身の動きの比喩，(4) 貨幣量の比喩。

　(1) は，「時間軸」が「過去」「未来」という方向性を持っていること。(2) は，時間が「流れている」というイメージで，形やスピードが問題になるだろう。(3) は，時間の上を人間のほうが歩いているようなイメージであり，(4) はほかの三つと異質な感じがするが，賃金や銀行利子などで表される時間の長さである。

　Traugott (1978: 394) によると，世界の言語で時間を表す空間表現には，come―go（来る・行く），front―back（前後），up―down（上下）がある。空間との違いは，right―left（右左）のような対称的な表現はないことで，これも一方向という時間の特質に関係している。たとえば，英語では，未来を表すのに We look *forward* to the year *ahead*.（来年に期待して待つ），過去を表すのに look *back* on the past（過去を振り返る）のような言い方をするが，これらの表現では，時間の流れの方向（過去から未来へ）に対して，身体の向きが関係している。

　ここで，(2) について少し詳しく見ていくことにする。歴史的には，時間の運動の形態に大きく二つのイメージがあるとされている。一つは，直線運動のイメージを持つ「直線的時間」であ

り，もう一つは，周期的な円を描く運動として捉える「円環の時間」である。直線的なイメージの中にも，さらに2種類があって，一つは，とりわけニュートン物理学に結びつけられる，始めも終わりもなく果てしなく伸び拡がる無限直線のイメージである。もう一つの直線時間のイメージは，キリスト教に反映される「ユダヤの時間」ないし「ヘブライの時間」で，神の宇宙創造によって始まり，終末に至るまで続く有限な直線である。このイメージでは，時間自体が神の創造物であり，村上（1977: 20）によると，「神の計画を運び，創造の目的を完遂させるために，一つの終末論的，救済史的な価値と意味をもつものとして，ユダヤ教およびキリスト教社会の中で設定された」というものである。

他方，「円環の時間」は，周期的なイメージであり，ギリシャを中心とした「ヘレニズムの時間」と言われることもある。循環と言えば，太陽や月の運行と並んで，私たち日本人は四季の巡りをイメージするが，ヘレニズムでは，星座などの天体の運動に結びついていた時間観念のようである。加藤（2007: 10）は，「天体の配置は，時とともに変わるが，一定の時間が経てば元の配置に戻る。ピュタゴラス派，ストア派，プラトン派において，宇宙の秩序は反復であり，永劫回帰である」と述べているが，いかにも秩序や調和を探求したギリシャ哲学的色彩の考え方である。

ついでながら，四季の移ろいが感じられない砂漠の中で最も顕著に変化の見られるのは，月の満ち欠けであり，これがイスラム教で「太陰暦」(the lunar calendar) が用いられる理由であるという（中埜（1976: 182））。古くは，クロワッサンの形のモデルとなったとの俗説があるオスマントルコの旗印から現代のアゼルバイジャン，チュニジア，トルコ，パキスタンなどのイスラム教国

の国旗としてしばしば三日月が用いられるのも，月の持つ特別な象徴性の現れだろう。

このように，直線と円環という対照的なイメージを持つ時間だが，実際には，青木（1981: 17）が指摘するように，私たちは，この二つの時間を折衷しながら暮らしている。たとえば，日ごとあるいは週ごと繰り返されるルーティーンの営みや季節行事などの一方で，将来の予定や計画，生涯や歴史などは直線的なスパンで考える。周期的に繰り返しながら全体が伸びていくという意味では，らせん形のイメージと言えるだろう。時間にはこの二つの面がありながら，私たちの意識では，時間に対する意味づけや生活との関わりに応じて，円と直線のどちらか一方だけが顔を出し，もう一方はなりを潜めるという関係になる。

1.2.2. 時間イメージと言語の時制

上記のような時間のイメージは，言語の時制とどのように結びついているのだろうか。世界の多くの言語の時制を比較研究したComrie（1985: 4-5）は，どの文化も，循環する時間のイメージは大なり小なり持っているとしながらも，円環的時間を時制として使っている言語は知られていないと述べている。すなわち，言語の時制には，「過去」「現在」「未来」のように連なる直線的なイメージだけが関わっていることになる。ただし，by day（昼に）や this morning（今朝）のような円環的な時間標識を動詞に組み込むことによって出来事が1日のいつ起きたのかを示す言語はあり，オーストラリアのヤンドゥルワンダ語（Yandruwandha），ティウィ語（Tiwi），西アフリカのコム語（Kom）などがその例である（Comrie（1985: 17））。たとえば，ヤンドゥルワンダ語では，「夜に」(at night) を示す -yukarra という接辞がある。しか

し，これらの接辞はいずれも義務的ではなく，あってもなくてもよいという点でも，通常の時制標識とは異なる。

また，合衆国北西部の居留地に残るネズ・パース語（Nez Percé）の時制体系では，現時点を軸にしていわば未来と過去とが対称を成しているような形を示す。すなわち，「明日」と「昨日」は同じ [watí·sx]（ワティースヒ），「明後日」と「一昨日」は [kunmé·yx]（クンメーイヒ），「来年」と「去年」は [ʔínwim]（イヌウィム）であるという具合に，同じ「時の副詞」が未来と過去のどちらにも用いられる（青木 (1984: 194-195)）。これらの語は現時点からの時間的距離だけを表すのである。この対称性はたしかに円環的な時間を暗示しているが，ある出来事が未来のことなのか過去のことなのかは，動詞の接辞，すなわち「時制」によって識別される。この点で，時制自体は円環的でないことは明らかである。

Comrie (1985: 11) は，さらに，世界の言語において，最も言語化されている時間関係は，単純な「前」「同時」「後」という概念だと指摘している。これも線的な関係であるから，以上の結論として，線形の時間イメージだけが，言語の時制体系の基盤として用いられていることになる。

1.2.3. 「上昇時間」と「下降時間」

時間のイメージには，「直線的」「円環的」とは異なる，もう一つ別の見方がある。それは，時間の向きである。上記の，Lakoff and Johnson (1999: 137-169) の (2) 動く時間の比喩，および，(3) 動く観測者の比喩に関係するものだが，皆さんは，自分自身は止まっていて「未来」が自分のほうに近づいてくると感じるだろうか。それとも，自分自身（ないし世界）が動いて「未

来」に向かって進んでいるように意識するだろうか。これを，Hewson (2012: 512-513) は，それぞれ，(A)「下降時間」(descending time)，(B)「上昇時間」(ascending time) と呼んで，次のように述べている。(A) は，時間をそれ自体が動く実体を持った「客体的なイメージ」として捉えたものであり，時は人間にはおかまいなしで，いわば無慈悲にどんどんと迫ってきては過ぎゆくものであり，「いま」は絶えず過去に流れ込んで取り返せないものになるという，人間にしてみたら「受動的」(passive) な時間感覚である。個々の出来事は，いわばベルトコンベアーに乗っているかのように，時間のとめどない流れの中で起きるものとして位置づけられる。

　ちなみに，古代ギリシャの時の擬人化像クロノス (Kronos) は，前髪だけを残して頭がはげ上がり，大きな鎌を持った老人として描かれることが多い。はげあがった後頭部は，背後（過去）にあるものはもはや失われたことを象徴的に示すものであり，手にした鎌は，あらゆるものをなぎ倒してゆくさまを表す。この姿は，いかにも (A) のような時間イメージに対応していると言えるだろう。

　一方，(B) は，直接的には「出来事」自体に目を向ける。出来事には，一般に，その始まりと途中段階，そして終わりがあるので，その成り行きを通して時間経過を知ることになる。いわば，間接的な時間意識である。人間の行為でも自然現象でも，出来事の今後の成り行きを追えば自然と未来に目が向くことになる。したがって，この見方に立てば，計画や「未来予測」もごく自然な人間的営みになるという意味で，人間主導の「能動的」(active) な時間感覚である。

　また，時計に「アナログ式」と「デジタル式」があるように，

Hewsonは,（A）下降時間タイプを「アナログ的」,（B）上昇時間タイプを「デジタル的」としている。（A）下降時間タイプでは,出来事は,時間という連続的な流れの上での事象と見なされ,いわば文字盤の上の（この場合,動いているのは「文字盤」のほうであるが）針のように見なされる。時計の針というより,ルーレットのサイコロのようなものかもしれない。他方,（B）上昇時間タイプでは,生々流転する個々の出来事にスポットが当てられ,まるでデジタル時計の数字が切り替わるように新たな出来事や局面が展開するという意味で「デジタル」的とされる（Hewson (2012: 517)）。

　付言すれば,（A）の時間は,それ自体が独自に存在する絶対的なものであるのに対して,（B）の時間は,いろいろな出来事との関わりにおいて捉えられる相対的なものであると言うことができるだろう。上で触れたギリシャのクロノス像も,そもそも擬人化されるということが,時を一つの存在として意識していたことを物語る。

1.2.4. 時間の向きと時制

　上記の「上昇時間」と「下降時間」という時間の二つの捉え方と実際の言語の関係はどうだろうか。Hewson (2012: 530) は,ヨーロッパの言語で言えば,（A）下降時間タイプとして（古代）ギリシャ語やスラブ語を挙げ,（B）上昇時間タイプの例としては,英語やドイツ語を挙げている。ただし,後述するように,一つの言語の時制体系は,どちらか一方だけの時間感覚に対応するとは限らない。たとえば,アフリカのキクユ語（Kikuyu）は複雑な時制体系を持つが,それは,上記の二つのタイプの時間感覚が別々の層として重なっているからであると考えられる（第9章

3節参照)。また，Hewson によると，ヨーロッパでも，ラテン語は，二つのタイプを併せ持つ言語であるとのことである。その結果，「過去」「現在」「未来」という三つの時制を持つが，Traugott (1978: 376) によると，このような言語はかなりまれで，この三区分はインド・ヨーロッパ起源ではないだろうと推測している。ちなみに，ラテン語も仮定法は過去（Past）と非過去（Non-Past）だけである。印欧語系統（Indo-European families）の言語に限ると，ラテン語のほかに，ケルト系（Celtic）およびバルト系（Baltic）以外の9つの語族は，もともと未来時制がなく，過去と非過去の区別があるだけである（Hewson (2012: 513))。

それでは，上記の二つのタイプでは，時制体系の性質はどのように異なるのだろうか。具体的に言うと，たとえばギリシャ語・スラブ語に対して，英語・ドイツ語の時制体系はどのように異なるのか，さらに言うなら，両タイプの言語は，それぞれ出来事を時間的にどう描くのかという問題になる。

（A）下降時間タイプでは，いわばこちらに向かってくる時間の流れの中のある時点が到達する際に，当該の出来事がすでに完了しているかまだ完了していないか，そのどちらの状態であるかという捉え方をすることになる。文法用語を使うと，後述するように，これは「アスペクト」（相, aspect）という概念にあたり，(A)「下降時間」タイプの言語では，出来事のアスペクト的な把握の仕方が基本となる。

他方，（B）上昇時間タイプでは，時間の流れとは切り離して，出来事そのものがどういう性質のものであるかが問われる。ある出来事を「完全」（complete）なものとして捉える場合，それは，完了したという面に注目しているのではなく，開始から終

わりまでを含んで一つの完結的な事象としてまるごと見ているということである。逆に「不完全」(incomplete) な出来事なら，出来事全体ではなく，その途中経過に目を向けているということである。

この違いを，英語を例にとって考えてみよう。まず，出来事を完結的なものとして表す場合である。

(1) a. I work eight hours a day.（私は1日8時間働く）
    b. I like apples.（リンゴが好きだ）

work と like には，「動作動詞」(active verb) と「状態動詞」(stative verb) という性質の違いがある。work には行為の開始・継続・終了段階があるが，like のような「状態動詞」は，各段階（相）の内部的区切りのない「単一相」(monophase) の動詞である。この違いにもかかわらず，英語では，いずれも，それぞれまるごと一つの出来事として同じ形式（ここでは単純現在形）で表現する。一方，出来事の途中段階だけに目を向けた表し方というのは，次のような「進行形」(progressive) である。

(2) He is working hard.

もちろん，上記のいずれの例もそのまま過去形あるいは未来形にすることが可能であり，その場合でも，出来事の「全体」か「部分」かという基本的な捉え方は変わらない。出来事をまずはこのように捉えた上で，それが「現在」のことなのか「過去」のことなのか，あるいは「未来」のことなのかというような時間的位置づけ（時制付与）を行うのが「上昇時間」タイプの言語の特色である。

なお，言語にこのような「時間の流れ」に対する方向の違いが

あるからといって，自分の母語によって時間の流れの意識が決まってしまうものでは決してないということにとりわけ注意が必要である。これは，後述の言語と思考の相関の問題，すなわち，「言語が違うとものの見方も違う」という「サピア゠ウォーフの仮説」（Sapir-Whorf Hypothesis）と呼ばれる考えとも関わる重要な問題であるが，結論を先に述べておくなら，個人によって，さらには，そのときの状況によってその意識は変わるのである。そのことは，たとえば，ハモンド（2014: 119-120）が紹介している下記のような心理実験からも明らかである。それを述べる前に，一つクイズに答えていただこう。「次の水曜日に予定されていた会議は，2日間，前に動かされた。さて，会議をやっている今日は何曜日か。」

　このクイズのポイントは「2日間，前に」というところであるが，考えられる答えは月曜か金曜のいずれかである。実験の結果によると，月曜と答えた人は，動いているのは時間のほうであり，一定のスピードで動くベルトコンベアーのように未来が自分のほうに向かってくると感じているとのことである。他方，会議は金曜だと思ったら，自分自身がタイムラインに沿って未来に向かって動いているという感覚を持っているというものである。

　この心理実験には続きがある。上記の質問に対し，なにかを待っている人たち（たとえば，飛行機にこれから乗る人，買い物の列の後ろのほうに並んでいる人など）のほうが，月曜と答える確率が高かったという。すなわち，時間のほうが動くイメージであり，これは，時間が自分のほうへやってくるのを待っているという気持ちの表れだと考えられる。逆に，すでに乗物に乗っている人や，もうすぐ降りようとしている人，あるいは降りてきたばかりの人は，金曜日と答える確率が高く，自分のほうが動くイ

メージが強いという（ハモンド（2014: 126））。これは，なるほど，上で見てきた Hewson (2012) の言う時間に対する二つの対照的な見方，すなわち，「能動的」対「受動的」という違いに対応していると言えるかもしれない。

なお，言語そのものがどちらの方向にも向くことができることを示すような例が次である。

(3) a. He will be fifty *come* May.
   （彼は今度の5月で50歳になる）
   b. *Come* tomorrow (and) you'll feel differently.
   （明日になれば気持ちが違ってきますよ）

(以上，研究社『新英和中辞典』第6版)

動詞 come の「仮定法現在形を接続詞的に用いて」という例だが，本来，come は「過去からいま」に至るという方向性を示すのに，ここでは，未来がいまに向かう形になっている。もっと一般的な表現の coming months（来るべき月）も同じだし，日本語でも「来たる5月」のように言う。I'm going to retire. (引退することになっている) 対 The good time went fast. (よい時間はさっさと過ぎた) のような go も両方の方向性がある。この一見矛盾に思えることは，自分が進むと見るか物事が進むと見るかによって生じる違いだと言えるだろう。

1.3. 時制の成り立ち

1.3.1. 「直示体系」としての時制

時制は，基本的に，「直示的体系」(deictic system) であるということをまず念頭に置いておこう。「直示性」(deixis) とは，

文字通り,直接に指し示すことで,たとえば,日本語なら「ここ」「あっち」「これ」「それ」「あれ」など,英語なら this, that, here, there など,場所を示す指示詞がその代表である。これは,「あのとき」,that day などの表現から分かるように,時間についてもあてはまることである。上述の Lakoff and Johnson の主張のように,時間表現はこのような形で空間表現の比喩として表されるわけである。「前」「先」「うしろ」などの前後関係を表すことばも,空間と時間の両方に用いられる。この場合,場所や時間における中心点は,通例,話し手である。移動を表す動詞「行く」「や「来る」,go と come なども,話し手が基準なのが通例である(May I come in?(入ってもいいですか)のように相手が基準点であることもあるが)。時間について言うなら,基本的に,「現在,いま」は話し手のいる時間であり,「過去」はいわばその背後にあり,「未来」はその前方にあるというイメージになる。空間と時間を合わせて,話し手のいる位置は「ここ・いま」(here and now)であり,これが基準点の「直示体系の中心」(deictic center)ということになるが,大げさに言えば宇宙の中心である。なお,yesterday や last year, two hours ago のような時間の副詞も,「いま」を基準にしているものであるから「直示的」な表現ということになる。

1.3.2. 時制と「叙法」と「アスペクト」

「時制」(tense)に関係が深い概念として,「叙法」(mood)および先に登場した「アスペクト」(相,aspect)というものがある。この三つをまとめて,Dahl (1987) は,それぞれの頭文字をとってTMA範疇と呼んでいる。実際,意味用法や機能の上でも相互に関係の深いものなので,時制を扱うにあたって,互

いの相違やそれぞれの特徴について記しておくことにする。ただし，これらの用語はすでにおなじみという方は，以下の説明を読み飛ばしていただいて差し支えない。

　まず，「叙法」であるが，英語では mood。ムードと言えば「気分」のことだと思われるかもしれないが，歴史の過程で，mode（様式，流儀）の意味が重なってしまい，それが文法用語として定着したとされる。そこで mode を考えると，「業界用語」としては，ファッションで元来は特定階級の服装を指した「モード」があるし，音楽では異なる音階構成を主な特色とする「モード，旋法」がある。どちらの分野でも，互いに識別可能な独特の趣を持ったものがモードである。言語の場合，話し手がどのような意図を持って話しているのか，その「心的態度」(mental attitude) を示すのが mode の転じた mood であり，ギアの切り替えが自動車の動きを変えるように，異なる mood によって，発話の働きが切り替わる。すなわち，聞き手に対して，なにかを断言しているのか，質問しているのか，命令しているのか，さらに，同じ言い切りの形でも，現実のこととして述べているのか，架空や想像上のこととして語っているのか，あるいは，その内容に対して，どの程度の確信を持って話しているのか，などである。具体的な言語形式としては，平叙文（declarative），疑問文（interrogative），命令文（imperative）などの文のタイプで表されたり，いわゆる「仮定法」(subjunctive) や「接続法」(conjunctive) と呼ばれる形が使われたり，さらに，英語なら，perhaps, probably などの「法の副詞」や will, may, must などの「法助動詞」(modal auxiliary) と言われるものも mood の表現である。なお，mood の日本語訳は「法」でもかまわないが，本書では発話に関するものだということをはっきりさせるために

「叙法」と呼ぶことにする。

　次に，時制とアスペクト（相）との違いはなにかについて考えるが，その前に再び用語について断っておくことにする。「相」というのはいろいろな意味があってあいまいな語なので，以下，専門用語としては「アスペクト」と呼ぶことにする。時制とは，冒頭の『広辞苑』の定義にもあったように，概略，時間の流れの中に出来事を位置づける文法的仕組みであるとされる。時間の区分としては，素朴に考えれば，「過去」「現在」「未来」という三つがすぐに思い浮かぶが，実際の言語の時制区分は，後述するように多様であって，これより少ない区分の言語もあるし，きわめて多くの時制区分を持つ言語もある。また，ある時制と別の時制の境目も言語によって異なることがある。

　一方，アスペクトというのは，上でもすでに述べたように，出来事そのものがどのような状態にあるのか，具体的には，始まったところなのか，完了しているのか，継続中なのか，ということを表す文法的仕組みであり，「始動（起動）相」「完了相」「未完了相」「継続相」などという区別がある。時制が，いわば出来事に対して「外側からの視点」によって時間における位置を決めるのに対して，アスペクトは，出来事の「内側からの視点」によって，その時間的展開を捉えたものであるという言い方がよくなされる（たとえば，Comrie (1985: 25)）。

　ここでは，英語の「進行相」と「単純過去」の例を見ておこう。

(4) a.　When I got your postcard, I *was writing* a letter to you.
　　　　（はがきを受け取ったとき，あなたに手紙を書いているとこ

ろでした)

b. When I got your postcard, I *wrote* a letter to you.
(はがきを受け取って，あなたにお手紙を書きました)

(4b) は，手紙を書いたということをまるごと一つの出来事として，「過去」という時間の中で，はがきを受け取ったというもう一つの出来事と並べて記しているが，(4a) の進行形のほうは，はがきを受け取ったときは手紙を書くという行為の最中だったということを述べている（なお，手紙を書き終えたかどうかは不明）。

1.3.3. 時制範疇の言語的形態

Dahl (1987) は，世界の多くの言語における時制と叙法，およびアスペクトについて，どのような範疇が共通に見られるか，逆に，どれがユニークなものかを調査することによって，「普遍的な TMA 範疇」の姿を探ろうとした。その結果，多数の言語に見られる範疇には，その文法的な表し方にも共通の傾向があるとしている。たとえば，「過去」という時制範疇についてみると，典型的な「過去」と見なされる時制を持つ言語 17 のうち 15 では動詞の屈折などの形で形態的に (morphologically) 表されている (Dahl (1987: 184))。残りの 2 言語は，たとえば，英語の「未来」のように，助動詞などを使って「迂言的に」(peripherally) に表される。他方，Dahl の見立てでは明らかに「進行形」とされる例 19 件のうち，1 件だけが形態的に表される (Dahl (1987: 185))。逆に，表し方の形のほうから眺めると，形態的に表される 155 の範疇のうち，117 件（75％）が「過去」，「完了 (perfective)・非完了 (imperfective)」，「未来」のいずれかであ

る。

　上で,「下降時間」タイプの言語は,「完了」「未完了」というアスペクトの区別に重きを置くことを見た。逆に,「上昇時間」タイプの言語は,基本的に,出来事を時間の中に位置づけて「過去」「現在」のようなレッテルを張ることに特色がある。このように見てくると,いずれのタイプでも,当該言語にとって主要なTMA範疇は「迂言的」(統語的)でなく,形態的に表されるということが分かる。英語の場合を見ると,「過去」「現在」に対して,「未来」はwillなどを使って迂言的に表されるし,「進行形」と「完了形」も同様である。あとで,それらの特質を探ることになるが,ここで,「形態的」対「迂言的」という区別を頭に入れておいていただきたい。

　ついでながら,TMA範疇の表し方として変わったところでは,アフリカ西部のマリやブルキナファソなどで使用されているセヌフォ諸語(Senufic languages)に属するカラボロ語(Karaboro)は,副詞や補助的代名詞のほかに,音調も用いる。たとえば,「彼」を意味する主語"u"を高い音調で発音すると,習慣的な行為を表すことになるという(Dahl (1987: 178))。

1.3.4. 時制とアスペクトのあいまいな接点

　Dahl (1987: 44) は,外国語学習でTMA範疇は最も習得が困難なものの一つだと述べているが,その原因は,私たちも身につまされているように,時制の種類も機能も言語によって大きく異なることが多く,動詞の語尾変化(屈折)など細かく込み入った文法的特色に目を向ける必要もあるからである。問題をさらにややこしくしているのは,上記の時制とアスペクトの性格づけや定義にもかかわらず,実際は,両者の区別は不明瞭なことが多い

からである。歴史的にも，言語使用者に混同が起きたり，文法学者の見解が分かれたりすることが多かった。ちなみに，Hewson (2012: 507-508) によると，かつて，ギリシャ語とラテン語の動詞の屈折はすべて「時制」を表すものだと考えられていて，「時制」と「アスペクト」の区別が一貫してなされるようになったのはようやく20世紀になってからとのことであり，いまでも，「アスペクト」を無視して，ラテン語には6つの時制があるという誤解がなされるという。また，古代ギリシャ語やサンスクリット語などに見られる「アオリスト」（aorist）と言われる屈折形は，過去の出来事を表すことが多いので，かつては過去時制と見なされたが，いまではアスペクトとして扱われることがふつうになっている。

　実は，英語のように最もよく研究されてきた言語でさえ，時制とアスペクトの間の線引きは明確でない。とりわけ，従来はアスペクトを表す形式と見なされることの多かった「完了形」と「進行形」は，研究者の間で見解が揺れている。これらは，中学の教科書にも載っている基本中の基本の文法事項と思われているが，言語学者が最も手を焼いている問題の一つなのである。そこで，本書は，具体的な言語事象の考察にあたって，最初にこの二つの構文を取り上げようと思うが，それには，言語の根本的な働きを理解しておく必要があると考えるので，次の章ではもう少し理論的な話題にお付き合い願いたい。

第2章　時制のもう一つの顔

2.1. 発話と「心的態度」

　第1章3節で述べたように,「時制」は「叙法」および「アスペクト」から, 文法範疇としては区別されるものである。しかしながら, 機能面では互いに重なりがあり, 結論から言うと, 時制はとりわけ叙法との関係が深い。すなわち, 時制は, 出来事の時間的配置を表すだけでなく,「仮定法」や「法の助動詞」などと並んで, どのような意図で話しているのかを表す「発話の心的態度」に関わるものなのである。

　では, 叙法とはなにか。まず,「平叙文」(declarative sentence) で考えてみよう。これは, 疑問文や命令文などと異なって, 出来事を「叙述」(描写) する文の形であるが, 重要なのは, それを言うからには, 同時に, その出来事が「真実だ」と宣言 (declare) していることになるという点である。ことばのこのような側面は, 言語哲学者のオースティン (John L. Austin, 1911-1960) の言う「発話行為」(speech act) に関係する。私たちは, ことばを発することによって, あることを述べたり, 質問

したり，命令や依頼をしたりするが，これらの発話に伴う「陳述」「質問」「命令」「依頼」などの働きは，「発話内の力」(illocutionary force) と言われる。ときには，その行為の内容が動詞によって明示されることがあり，そのような文は「遂行文」(performative sentence) と呼ばれる。たとえば，次のような文が典型的である。

(1) a. I *promise* to help you.
   (手伝うと約束します)
   b. I *apologize*! It was my fault.
   (謝ります。私が悪かったのです)

これらの文を口にすることは，(a) であれば，たとえば「指切り」をしたり「誓約書」を書いたりするのと同様の「約束という行為」をするのに等しいことであり，(b) のように言えば，たとえば，頭を下げるという行為に相当する。したがって，これらは，「発話」自体がある行為を「遂行」(perform) しているというわけである。

(2) a. I *pronounce* you man and wife.
   (汝らを夫婦とする)
   b. I *sentence* you to two years' imprisonment with forced labor.
   (懲役2年の刑を言い渡す)

これらも同様であるが，それぞれ，牧師，裁判官のような有資格者でなければ効力がないところに特色がある。

　オースティン以前の言語観はどうかと言うと，ギリシャ哲学以来，言語の最も重要な特質はものごとを「記述する」(describe)

ことにあるという考えがずうっと続いてきた。オースティンは，この考えを「記述主義的誤謬」（descriptivistic fallacy）と呼んで非難し，言語の「記述」以外の働きに光を当ててみせたわけである。発話には相手や社会に対する影響力があるとするオースティンの「発話内の力」（illocutionary force）は，いわば，ことばの力＝「言霊(ことだま)」に現代的で合理的・科学的意味づけを与えたと言ってもよいだろう。

　「発話行為」と言うと，一般に，上記のように「約束する」「謝る」「命名する」などの特定の動詞（「遂行動詞」）に注目されることが多いが，実は，この性質は言語活動にあまねく潜んでいる。たとえば，疑問文は「尋ねる」という行為をしていることであるし，平叙文は「述べる」という行為をしていることになる。ちなみに，かつての「変形文法理論」の枠組みで，Ross（1970）は，平叙文（陳述文）の「基底構造」には，文全体を包む形で，"I declare" にあたる抽象的な構造があるとした。概略，（3a）の基底構造は（3b）のようになる。

(3) a. Prices slumped.（物価が急落した）
　　b. I DECLARE [prices slumped]
　　　　（私は「物価が急落した」と断言する）

Ross が示した論拠の一つは，たとえば，As for *myself*（私自身としては）や My mother and *myself* are crazy about the TV show.（母も私もそのテレビ番組にはまっている）のような再帰代名詞の強意用法と言われるものである。通例，再帰代名詞には先行詞が必要だが，この用法は，（3b）のような潜在的な "I" があるからこそ可能なのだというわけである。その後，Ross の提案は，統語的構造として設定することには無理があるとして退けら

れたが, "I declare"という表現は, 上記のように, 平叙文の根本的な機能を端的に示すものである。なお, この機能は, ことばの使用上の問題として「語用論」(pragmatics) にも結びつく。適切な発話の条件を考察したグライス (Herbert Paul Grice) の「会話の公理」(maxims of conversation) に照らすと, 平叙文は, 発話者が誠意をもって発言している限り,「私は真実を述べている」という宣言をしているに等しい。こうして, 平叙文は, その内容の「真偽」が問われることになり, 発話の内容が正しくない場合は, 誤解しているとかウソをついているとして非難されることになる。なお, 上記の"I declare"は, たとえば, It is true that he won the race.（彼がレースに勝ったというのは本当だ）が真実であることを明言しているのと違って, 文の形には表れていないので,「真実であるとの表明を含意している」ということになる。

2.2. 真偽判定のための文法的標識

語られる内容の真偽が問題になるという意味で, 論理学や数学にならって, 文は「真理関数」(truth function) と言われることがある。また, 文の意味内容を真偽判定の対象という観点から眺める場合, この意味内容を「命題」(proposition) と言う。真理関数としての平叙文は命題の「真」を申し立てるものであり, 現実的状況などと照らし合わせて,「真: True」ないし「偽: False」が「解」(答え) として得られることになる。堅苦しい用語が並んだが, 一般に, 文というものは, その内容の真偽が問題になるものだという点を押さえておいていただきたい。これから述べるように, 時制はまさにその部分に関わるものだからである。

平叙文に対して，Yes-No 疑問文は自分の主張が「正しいか否か」を尋ねるものだし，What did you buy?（何を買ったの）のような Wh 疑問文は，「変数」what（=x）にどんな値（value）を入れたらこの文は真になるかという質問の形式である。では，「命令文」はどうだろうか。これについては，あとの第8章2節で扱うことにする。

2.3. 文法は聞き手のためのもの

上記の「心的態度」というのは，言うまでもなく，話し手が相手の存在を意識した上でとる心構えである。発話において必ず存在するもの——それは，まず自分であり，次に相手である（モノローグの場合は相手＝自分としても）。チョムスキー（Noam Chomsky）の「生成文法」における「言語能力」(linguistic competence) という概念に代表されるように，文法の多くは，どのようなメカニズムでことばが生み出されるのかという面に注目し，いわば話し手志向の立場でことばの仕組みを考えてきた。しかし，上記のオースティンも暗黙のうちに前提としているように，ことばの働きというものを考える場合，聞き手の存在は欠かせないことになる。

そもそも文法というものは，話し手よりも聞き手のためにあるという見解がある。安井（1978: 9）は「伝達という観点から見るなら，言語というものは，聞き手のためにあるといって過言ではない」と主張し，「聞き手の文法」という標題のもとに，英語のいろいろな文法現象を解きほぐしてみせているが，その考えの後ろ盾は，Õim（1973）の主張である。Õim によれば，文法構造というのは，およそ聞き手の便宜のためにできあがっている。

話し手側は，伝達内容はあらかじめすべて分かっているわけだから，乱暴な言い方をするなら，それが伝わりさえすれば，文法のような面倒な仕組みはないほうがいい。けれども，メッセージは，話のテーマはなにか，ポイントはどこかなどを含めて，相手にできるだけ正確かつ効率的に伝わることが望ましい。その目的をかなえるために，たとえば，能動態と受動態，いわゆる強調構文，代名詞や省略，語順と旧情報・新情報の配置など，さまざまな文法的な仕組みが用意されることになる。いわばことばのキャッチボールにおいて，相手ができるだけ受けやすいボールを投げるようなものである。

　時制も，発言内容を相手にどのように受け止めてほしいかということを示す重要な標識であり，聞き手は，真偽判定にあたって，それに基づいてどのように対処すべきかを決める。たとえば，「現在時制」というのは，真偽が現在の状況に関わっていることを示す標識であるし，一方，過去の出来事は，基本的に，発話者が自分の記憶という心の世界に基づいて述べるわけであり，「過去時制」は，そのことを明示する標識である。まずは時制によって，このようにざっくりと仕分けた上で，必要なら，法の助動詞（may（かもしれない），must（違いない）など）や法の副詞（probably（おそらく），certainly（確かに）など）によって叙法の微調整を施しながら，話者がどの程度その内容の信憑性にコミットしているかを表明する。

　こうして，「心的態度」というものを考えると，それを通して聞き手の姿が浮かび上がってくることになる。私たちはともすれば忘れがちだが，言語の本質を考える上で，話し手⇔聞き手という関係軸が重要だということを胸に刻んでおきたい。なお，この関係軸が文法構造そのものを決めているとまで考えて組み立て

れた言語理論に,ハリデー(M. A. K. Halliday)の「体系文法」(systemic grammar)がある。これについては,第 11 章 4 節で述べることにする。

　「心的態度」についてきわめて示唆に富むと思われるのが英語の現在完了なので,時制に関する書としては異例の順序だが,次の第 3 章では,この構文を取り上げることにする。

第3章 英語の「完了形」が表すもの

3.1. 「完了相」と「完了形」

　最初に，前の章と同様に，再び用語について注意しておかなければならない。それは「完了」にあたる文法用語の Perfective と Perfect という互いによく似たことばの区別である。Dahl (1987: 62) も指摘しているように，これらは，研究者の間でさえきちんと使い分けられているわけでなく，それも問題をややこしくしている。本書では，それぞれ，Perfective を「完了相」，Perfect を「完了形」と呼び分けて区別することにするが，両者のおおよその違いは次のようである。

・完了相（Perfective）：　第1章 2.4節で触れたように，ロシア語などのスラブ系言語によく見られる特徴で，動作や状態の「完了」や「完結」を示すための文法形式である。文法的な位置づけとしては，その名の通り，「アスペクト」（相）に分類され，継続や不変状態を表す「未完了相」（Imperfective）と対をなす。形の上では，動詞の屈折な

どによって「形態的に」(morphologically) 表されることが多い。

- **完了形** (Perfect)： 英語の have+ 過去分詞によって表される構文を思い浮かべるとよい。文法的な表し方としては，一般的に「迂言的」に，つまり，複数の語を組み合わせて「統語的に」(syntactically) 表現される文法形式である点で，上記の「完了相」と異なる。後述するように，「現在完了」であれば，ある出来事を現時点から振り返って述べているというところに特色があるため，「完了相」との紛らわしさを避けるためにも，「回想的（時制）」(Retrospective) という名称が使われることがある。実は，文法的な位置づけが問題で，「アスペクト」を表すとされることが多いが，異論もある。

このように，名称の上でも紛らわしいが，用法の上でも混ざり合って，歴史的に見ると，「完了形」が「完了相」に変化するケースもまれでないという (Dahl (1987: 138-139))。この変化は，後述するように，フランス語の現在完了に顕著な例がある。

3.2.「現在完了」の言語比較

日本人には中学校でもおなじみの英語の「完了形」(Perfect) だが，その用法には謎が多く，ヨーロッパの言語の類似の構文と比べても，「鬼っ子」のような性格がある。そこで，本書では，英語の完了形についてその特色を考察するが，それにあたって，近隣言語の「現在完了」の特色を概観しておくことにする。

英語の現在完了では，tow days ago や last year のような特定

の時を表す副詞は使われないことはよく知られている。例外的に, today のように一般に「現在」の領域に入ると見なされる副詞となら共起可能である。ただし, 次のように,「今日」のうちでも特定の時間などが含まれると許容されなくなる (*印 (アスタリスク) は非文法的であることを示す)。

(1) *I have seen it at six o'clock this morning.
(それを今朝の6時に見たことがある)

これに対して, たとえば, スペイン語の「現在完了」は, 基本的に, 当日 (今日) に起こった出来事なら, 上記のような場合でも用いることができる。

(2) Lo he visto hoy a las seis de la mañana.
(今朝の6時にそれを見ているよ)

このようなスペイン語の現在完了の用法は,「心理的現在」と呼ばれ, 心理的にはまだ過去になっていない期間内の出来事を表し, este año (今年) なども含まれることがある (寺崎 (1998: 35-37))。また, 英語の現在完了形では, その出来事が現在まで続いているとか, 現在の状況に影響があるとか, なんらかの「現在との関連性」(current relevance) のあることが特色とされるが, スペイン語では, たとえば「今日中」であれば, もはや現状にその名残がないような出来事でも現在完了で表すことが可能である。

(3) Hoy *he abierto* la ventana y la *he cerrado* después del desayuno.
(今日, 窓を開けて朝食の後に閉めた)

>   cf. *Today I *have opened* the window and have closed it after the breakfast.

他の言語の現在完了に目を向けると，ブルガリア語では，「三日前に」などがついても許容されるし，スウェーデン語でも，次のように，「昨日」の副詞がついても問題ない（Dahl (1987: 137)）。

>   (4) Jag hat mött din boror igår,
>   cf. *John has met your brother yesterday.

ノルウェー語の現在完了でも，「過去の副詞」が使える（Comrie (1985: 32)）。

>   (5) a. Jeg har sett ham for et øyeblikk siden.
>   （さっき彼に会った）
>   cf. *I have seen him a moment ago.
>   b. I natt har jeg sovet godt.
>   （夕べはよく寝た）
>   cf. *Last night I have slept well.

フランス語の「現在完了」では，もはや「現在とのつながり」は必要とされず，「複合過去」として，ふつうに過去の出来事を表すようになっている。すなわち，単に完了・完結した出来事を表すという意味で，スラブ系言語などの「完了相」と同じ機能を持つに至ったと言うことができる。

>   (6) a. Je chantai.（私は歌った: I sang.）〔単純過去〕
>   b. J'ai chanté.（I have sung.）〔複合過去〕

フランス語の「複合過去」も，ノルウェー語などと同様に，過去

の副詞とともに使うこともできるし，後述する英語と違って，もはや存在しない事物や人物について語ることも可能である（Ritz (2012: 884)）。

(7) a. Martin est parti il y a deux jours / le premier décembre.
    cf. *Martin has left two days ago / on the first of December.
  b. Napoleon a transformé Paris.
    cf. *Napoleon has transformed Paris.

とりわけ口語では，勢力を増した「複合過去」が「単純過去」を追いやる結果となり，単純過去はほとんど使われなくなってしまっている。同じ傾向がドイツ語の Ich sang.（私は歌った）（単純過去）と Ich habe gesungen.（現在完了）の間にも見られるという（Comrie (1985: 81-82)）。

なお，フランス語の複合過去と旧来の単純過去の違いは，大橋ほか（1993: 49）によると，次のようになる。「複合過去」は，助動詞の現在形が使われることに現れているように，話し手が現在を基準にして過去の出来事を眺めるというスタンスをとる叙述法であるのに対して，「単純過去」は，出来事自体が過去の性質を帯びたものとして客観的に描写する形式であるという。いわば「単純過去」はどこか冷めた目で突き放すような叙述法であり，出来事はいわばセピア色を帯びて，現在との隔絶感が漂うことになる。

大橋ほか（1993: 50）は，この特色を物語るエピソードも紹介している。かつて，フランスの有名な哲学者サルトル（Jean-Paul Sartre, 1905-1980）について，その存命中に，ある批評家

が新聞に論評を書いたが,「単純過去形」での記述だったため,サルトルは激怒したという。「もはや過去の人」という扱いがあからさまだったからである。

　フランス語の「単純過去」は,このようなニュアンスの上で,英語の There used to be a church here.（昔ここに教会があった[が今はもうない]）のような例における used to に似たところがあると言えるだろう。

3.3. やっかいな英語の完了形

　Dahl（1987: 129）の言うように,英語の完了形は最もよく研究されてきた文法項目の一つであるが,上でも述べたように,実は,日本の中学校英語の基本事項でもあるような文法現象がきわめてやっかいなものであることは,Ritz（2012: 881）が紹介している Klein の「現在完了の謎」（the present perfect puzzle）ということばに集約される。

　最初に,上述のように,これは「アスペクト（相）」なのか「時制」なのかという文法的位置づけの問題があり,諸学者の見解も分かれている。たとえば,McCoard（1978: 11）はアスペクトでないとするのに対して,Comrie（1976: 52）は,「これまで扱った他のアスペクトとはかなり異なる意味でアスペクト」としているし,Ritz（2012: 886）は,アスペクトの定義にもよるとしており,まとまりがない。

　日本の学校文法のように,伝統的には「アスペクト」とみなすことが多いが,比較的最近の英文法の集大成である Huddleston and Pullum（2002）のように「時制」の一つと見なす立場も多い。彼らは,「現在形」「過去形」を「一次的時制」（primary tense) としているのに対して，完了形は「二次的時制」(secondary tense) として過去の意味を表すものとしている。

3.4. 英語の現在完了の用法

混乱の原因は，Binnick (1991) の大著で述べられているように，英語の完了形の意味と用法の多さと複雑さにある。そこで，以下，その用法について検討していくことにする。完了形には「過去完了」(had+ 過去分詞) や「未来完了」(will have+ 過去分詞) もあるが，「現在完了形」から見ておくことにしよう。これには，基本的に，四つの「用法」があるとされている。Huddleston and Pullum (2002: 143) の名称を使うと，それぞれ (A)「継続」，(B)「経験」(または「存在」: existential)，(C)「結果」，(D)「最近の過去」である。

(A) **継続**:
She *has lived* in Berlin ever since she married.
(彼女は結婚してからずっとベルリンに住んでいる)
[今もその状態が続いている]

(B) **経験・存在**:
That was the best meal I*'ve had* all week.
(今週食べたなかであれが最高の食事でした)

(Huddleston and Pullum (2002: 143))

(C) **結果**:
She *has broken* her leg.
(彼女は足を折ってしまった)

(D)　最近の過去：

She *has* recently/just *been* to Paris.
（彼女はパリに行ってきたばかりだ）

なお，「最近の過去」は，「ホット・ニュース」とも呼ばれ，マスコミなどでもよく見られる用法である。

3.4.1.　現在との関連

　これらの用法の共通点で，現在完了の特徴としてよく言われるのは，上でも触れた「現在との関連性」ということである。たとえば，上記 (C)「結果」なら，「まだ彼女の足は治っていない」という含みがあることになる。ただし，「現在との関連性」の強さや性質は，上記の用法や事例ごとに違いがある（柏野 (1999: 172-174)）。「現在との関連性」が保証される重要な要件として，「主語の現存」がある。

(8) a.　Princeton *has been visited* by Einstein.
　　b.　*Einstein *has visited* Princeton.
　　　　cf. Einstein *visited* Princeton

ともに「アインシュタインのプリンストン大学訪問」について述べているが，アインシュタインは故人なので，(8b) のように現在完了の主語に据えることはできない。しかし，次のように，主語がすでに存在しなくなっていても現在完了が使われるケースがある。

(9) a.　D.H. Lawrence *has written* several excellent novels.
　　b.　President Roosevelt *has visited* our university.

(以上，Declerck (1991: 98))

c.　Nixon *has been impeached*.

　　　　　　　　　　　　(Huddleston and Pullum (2002: 144))

結論から言うと，現存していなければならないのは，「主語」ではなくて，談話（discourse）の中で「話題」（topic）となっているものであるとされる（柏野（1999: 167））。たとえば，(9a) の場合は，歴史上の優れた文学作品について語り合っているような脈絡で，『チャタレー夫人の恋人』などで知られたローレンスにも名作があると語っているような状況であり，(9b) では，たとえば，自分の大学にこれまで尋ねてきた有名人の話をしていて，「ルーズベルトもその一人だ」と言っている場合である。(9c) の場合は，政治家の弾劾が話題になっていて，「（そう言えば）ニクソンも弾劾されたことがある」として名を挙げる場合である。文学の名作は時代によらず生み出され続けているし，大統領の弾劾という米国の制度も廃止されてはいない。すなわち，話題になっているような事態は今でも続いているし，これからも続く可能性があるという場合なら，現在完了を用いることができるということになる。

　同様に，たとえば，「ゴッホ展に行ったか」と尋ねる場合，現在完了が使用可能なのは，まだ開催中に限られる（Declerck (1991: 98)）。

(10)　*Have* you *seen* the Van Gogh exhibition?
　　　〔現在完了形〕〔開催期間中〕
　　　cf. *Did* you *see* the Van Gogh exhibition?
　　　〔単純過去形〕〔開催期間終了後〕

この場合，話題は「ゴッホ展」であり，展覧会はまだ続いている

から現在完了の使用は可能である。ところが，話はこれで終わりでないところに問題がある。たとえば，展覧会の開催中に入院中の友人を見舞ったとする。この時，相手が開期中に退院して見に行くことは無理だと分かっていれば，"Did you see the Van Gogh exhibition?"のように過去形で尋ねることはできるが，"Have you seen the Van Gogh exhibition?"のように現在完了を使うことはできない。相手も展覧会も「現存」しているにもかかわらずである（Declerck (1991: 98)）。この奇妙な性質を理解するためには，まず，第2章で述べた時制の働きを念頭に置かなければならない。

3.5. 英語の現在完了の時間構造

3.5.1. 「参照時」の意義

過去，現在，未来という区分をもとに，ある出来事の時間的位置づけを図示してみよう。一般に，発話を時間的に分析すると，その発言を行う時点（「いま」）と発話で言及されている出来事の時点の二つがあることになる。発話の時点を S (speech time)，出来事の時点を E (event time) として，ごく簡単な例でみてみよう。

(11) ［現在］　I *have* a slight cold.
　　　　　　　（鼻かぜをひいている）
　　　　　　　------------ S, E ---------------→
　　　［過去］　I *painted* the wall yesterday.
　　　　　　　（壁にペンキを塗った）
　　　　　　　------- E -------- S ---------------→

[未来]　You'll *feel* better tomorrow.
（明日には気分がよくなるでしょう）

------- S -------- E --------------→

では、現在完了はどうなるだろうか。現在完了で記述される出来事は過去に起こったことである。そうなると、次のような図で描かれることになる。

(12)　［現在完了］　I *have painted* the wall.

--------- E ----- S ------------→

しかしながら、これでは「単純過去」との区別がつかない。この問題の解決に画期的な貢献をしたのはライヘンバッハ（Hans Reichenbach）(1947) だった。

ライヘンバッハは、上記の二つの時点に加えて、「参照時」(reference time: R) という第三の時点を導入した。これは、出来事の時点 (E) が、それに対して「前」「後」「同時」のどの関係にあるかを示す基準点になるもので、これを持ち出すと、上記の「過去」と「現在完了」の例は次のように図示される。

(13)　［過去］　　　--------- E, R -------- S ------------→
　　　［現在完了］　--------- E -------- R, S ------------→

これによって、過去と現在完了とを区別することが可能になった。いわば、「参照時」という補助線を1本引くことによって、眺望は一変したのである。

しかしながら、「補助線」という新たな道具を加えることは、便利な反面、文法をそれだけ複雑にすることになるし、英語の場合、たとえば、単純時制と進行形の区別がつかないという実際上

の欠点がある。次のように，意味の違いは顕著であるにもかかわらず，どちらも同じ図式で表されるからである。

(14) a. I *washed* the car.
   b. I *was washing* the car.
   --------- E, R ------ S ----------→

あえて区別するためには，進行形のほうは「継続」を示すための線分でも引かないといけない（実際，そうしている文献も多い）。したがって，意味論的な根拠も不十分ということになる。そもそもライヘンバッハの理論は，直線的な時間軸のイメージに立って，その上の時点どうしの関係を記述しようとしたものである。

このような理由で，「参照時」無用論が出ても不思議はない。たとえば，中右（1994: 294-306）は，概略，「助動詞」have を本動詞と考えた上で，「発話時 S」と「事象時 E」の相互関係を厳密に考え直すことによって R は不要になるとしているが，ここでは説明を割愛する。余分な「補助線」が不要という点で魅力的な代案ではあるが，完了形における「参照」という概念は，単なる時間関係とは別の意味で重要なものだと考えるからである。

3.5.2. 「参照時」の正体

ライヘンバッハによって導入された「参照時」について，まず，これはあくまでも，出来事の時間的前後関係を記述するために設けられたということを念頭に置いた上で，その意義を考えてみよう。「現在完了」とは，「過去」とは違って，過去の出来事が現在という時点に照合して「前にある」という時間構造を持つというものである。いわば，単純過去時制が，参照時間も出来事の

時間も過去に含まれるという意味で「絶対的な過去」を表すのに対して，現在完了は，現在という時点に「相対的に過去」であることを示す構文ということになる。

現在完了の「相対的な過去」という特性を強く主張して，いわば過激な形で表したのは McCawley (1971) であった。「変形生成文法」のうちの「生成意味論派」(Generative Semantics) という陣営に立ち，"anterior"（より前に）に当たる抽象的な意味要素が，have+過去分詞という統語的な形に派生されると提唱したのである。このような，意味が統語構造に「変形」されるという考え方はやがてチョムスキーらによって否定されるに至ったが，「変形生成文法」ではあまり光を当てられることのなかった意味の領域に切り込んで，現在完了の「相対的過去」という性格をそれまでになく明快な形で示した点で，McCawley の試みは評価されてよいだろう。

「時の副詞」との相性にも「have+過去分詞」の相対的性質が現れる。たとえば，必ず現時点を基準にして用いられる「直示的な（絶対的な）」副詞 ago の代わりに，任意の時点が基準となる「相対的な」副詞 before が使われるからである。

(15) a. I have come here two days *before*.
    b. I came here two days *ago*.

ライヘンバッハの体系は時制の論理的な面しか扱っていないと Dahl (1987: 30) も述べているが，その書名 *Elements of Symbolic Logic* で分かるように，記号論理学のアプローチで英語の時制を記述しようとしたものである。それは，一般に，時相論理 (temporal logic) と呼ばれる分野に含まれるもので，そこで扱われる問題は，時点の前後関係や時制変化に伴う文の真偽値の変

化などである。もっと言語に切り込んで，時の副詞を含むさまざまな時間表現を扱った研究には，たとえば，Hornstein (1990) があるが，それもいわばライヘンバッハの応用版と言うべきものである。ともかく，従来の時制研究は，時制は出来事の時間的位置づけや前後関係を表すものだという線的なイメージにとらわれる傾向が強かったと思われる。上記のように斬新な提案を行った McCawley もそうであるし，英語に見られるさまざまな時制の用法について丹念な分析を行っている Wada (2001) の労作も同様である。そこに，現在完了の性質を考える上での限界があったのかもしれない。

3.5.3. 「現在との関連性」の意味

では，完了形が表す出来事の「相対的な過去」とはどういうことか。それは，単に時間的に前にあるということではない。第2章で述べたように，時制の本質的な機能は文の真偽判定に関わるものであり，現在完了とは（時制かアスペクトかはさておき），「現在の状況に照らして真である」ということを表す文法形式である。すなわち，「相対的」というのは，ある別の時点（現在完了は「現在」）に照らして真偽が確かめられるという意味である。

現在完了の特徴とは，過去の出来事を描写しながらも，上で述べたように，その出来事の現在との関連性に特色があるというものであった。ここで，これを逆向きに考えてみよう。そうすると，現状の中に，過去の出来事の事実認定に対する「手がかり」があることになる。結局，現在完了とは，話者の発話態度として，「現状を見なさい，そうすれば私が言っていることの正しさが分かるはずです」という表現形式であるというのが本書の主張である。すなわち，「現在との関連性」について，発想の逆転が

必要だというわけである。

　「手がかり」とは、たとえば、ハワイ旅行の場合なら土産品や写真、日焼けなど具体的な形で残っている場合もあるだろうし、もはや思い出でしかないという場合もあるだろう。ただし、思い出であれば、それはいまだに鮮明で、旅行者の心ないし生き方になんらかの刻印があるような場合に現在完了が用いられるということであろう。柏野（1999: 172）の指摘する「現在との関連性」の強弱の裏返しとして、「手がかり」もさまざまであることになる。実際にどんな手がかりがあるかとか、それが得られるかとかいうことは別問題で、ただ現在完了を使う上での「心的態度」として、話し手がそういう意識を持って話しているということなのである。

　では、上の 3.4 節で述べた「話題となっているものの現存」についてはどうだろうか。「ゴッホ展」の開催中に退院が見込めないような患者に向かって、現在完了で「行ってきたか」と尋ねることができないという場合である。現在完了の使用が可能であるのは、「話題」となっていることがらや状況が今も存在していて、それにアクセスすることができたり、同じ事態がこれからも起こったりしうる場合であった。要するに、現在完了は、「いまもそれが可能である」という「開かれた可能性」の含みを持つことになる。したがって、現在完了で質問するためには、その実現が可能であるとの前提に立っていなければならない。問題は、対象の存在というより、出来事の可能性である。たとえば、「...に行ったことがあるか」と聞いて、相手が「ない」と答えた場合、「あれはすばらしいから、ぜひ行くことを勧めるよ」というようなやりとりが可能でなければならないということである。そうすると、入院中の友人が展覧会に行く可能性がないと思っていれ

ば，現在完了形で尋ねることができないということになる。「現在でも開かれた可能性」——それが現在完了の現在たるゆえんである。

なお，疑問詞の when は，特定の過去の時間を表す副詞と同様に，通例，現在完了とは共起しないが，次のような「例外」がある。

(16) "When *have* I ever *caused* you embarrassments?"
(いつ私があなたを困らせたと言うのですか)

(柏野 (1999: 165-166))

柏野が記しているように，これは「反語」を表す「修辞疑問」である。この文をストレートな形に書き換えると，I have never caused you embarrassments at any time. となるが，「あなたを困らせた時が一度もなかったことは現状から分かるはずだ」，あるいは，「そうことがあるなら証拠を示してほしい」と主張していることになり，when は特定時を尋ねているわけではないのである。

3.5.4. have gone と have been の違いの理由

ここで，現在完了の用法の違いを説明するためによく引き合いに出される have gone と have been の違いについて，上で述べた視点から考えてみよう。

(17) a. He has gone to London.
   b. He has been in London.

(17a) は「結果」，(17b) は「経験」を表すとされるが，この差は，動詞それぞれに固有な意味による。go（出かける）というの

は，ある場所を離れて別の場所に移動することであり，be（いる）は，どんな場所であろうと，そこに存在することである。ちなみに，go の場合,「ここに行く」と言うことはできない（地図である場所を指して言う場合などは別にして）。

(18) Let's go there/*here.
　　　cf. Let's be there/here.（あそこにいよう／ここにいよう）

よって，go を用いた現在完了は,「（ある場所から）移動したことが今の状況に照らして真」というメッセージを表すことになるから,「その出発点にはいない」という含みが生じることになる。ただし，柏野（1999: 190）によると，アメリカ英語では「経験」を表すこともあるという。一方，be の場合は，He has been in London for three years now.（彼はもう3年もロンドンにいる）のようにいま現在ロンドンにいる場合（継続）もあるし，I've been in London once.（ロンドンにいたことがある）のように，以前のロンドン滞在が「いま現在の状況に照らして真」（経験・存在）というだけの場合もある。

3.5.5.「推論」の現在完了

Dahl (1987: 152) は，完了形が「推論」に使われるケースがあることを指摘して，次の例を挙げている。

(19) It has been raining.
　　　（雨が降っていたんだな）[推論]

これは，後述する「現在完了進行形」であるが，ここでは，たとえば，道路の水たまりなどを見て，さっきまで雨が降っていたと判断しているような状況を表している。Dahl は，これがスウェー

デン語の文語の現在完了でも見られることを指摘した上で,「推論」の用法が完了形から派生するのは自然な成り行きだとしている。なぜなら,とくに「結果」の用法に典型的であるように,過去の状況についての推論は,残っている結果や状況証拠に基づいてなされるからである。

本書の主張は,英語の現在完了の場合,この「推論」が決して特殊な用法ではなく,「現在の状況に照らして当該の事象の真偽が判断される」という意味で,むしろ現在完了の中心的な性質であるということである。

3.6. 過去完了と未来完了

3.6.1. 過去完了と現在完了の共通点と相違点

英語の完了形には,ほかに「過去完了」と「未来完了」があるが,最初に「過去完了」(pluperfect) を概観することにする。

(20) John arrived; Mary *had left.*
    (ジョンが到着した。メアリーは出かけてしまっていた)

過去完了は,現在完了とは事情が異なることに注意しないといけない。すなわち,現在完了と違って,「現状を見なさい」ということはそもそも言えないからである。では,「過去完了」の特色はなんだろうか。Comrie (1985: 67) は,「出来事を現時点に関係づけるだけでなく時間的に互いに関係づけるため」と述べている。この「時間的相互関係」は,単なる前後関係ではないと考えられる。というのは,前後関係だけなら,before や after という接続詞を使っても表すこともできるし,ただ起きた順番にたたみかけることもできるからである。たとえば,「メアリーが帰った

あとにジョンがやってきた」という状況は，次のようにいろいろな表し方ができるし，この場合，先に起こった出来事は単純過去でも過去完了でも表すことができる。

(21) a. Mary (had) left and John arrived.
   b. John arrived after Mary (had) left.
   c. Mary (had) left before John arrived.

Radden and Dirven (2007: 223) は，次の (22) の例を挙げて，(a) のように連続する出来事が二つとも単純過去で記されているほうが，出来事の時間間隔が短く感じられると述べており，それは過去完了が単純過去とは違う時間帯を表すためだと推測している。

(22) a. When 007 *entered* the room, the door closed behind him.
   （007が部屋に入ると，背後でドアが閉まった）
   b. When 007 *had entered* the room, the door closed behind him.

柏野（1999: 208）も，次の Swan (1995: 428) の例について「時間差」を指摘している（和訳と付記も柏野）。

(23) a. When I *opened* the window the cat jumped out.
   （窓を開けると，猫が飛び出していった）［過去完了を使うよりも自然］
   b. When I *had opened* the windows, I sat down and had a cup of tea.
   （窓をすべて開けた後，座ってお茶を1杯飲んだ）

柏野によると，(23a) では，「窓を開けること」が「猫の飛び出し」の誘因になっていて，二つは間を置かずに起きたことである。一方，(23b) は，過去完了によって，次の行為の前にその行為が終わっていることが強調されるとしている。

これらから言えることは，時間間隔の長さだけでなく，過去完了がいわば「伏線」や「舞台設定」の役割を果たしているということではないだろうか。たとえば，(22b) には，007 の敵が待ちかまえていてドアを閉めたというようなニュアンスがある。(23b) も，窓を開けたことは，お茶を飲むためのお膳立てという状況が考えられる。同様に，次の (24) も，(b) のほうが，たとえば，妻の帰宅を待ってというような含みが強い。

(24) a. I took lunch with my wife after she *came back* from her shopping.
  b. I took lunch with my wife after she *had come back* from her shopping.
   (妻が買い物から帰ってきてからいっしょに昼食をとった)

上のように，時間的関係だけが表されるときには，過去形と過去完了形のどちらでもよいという場合が多いが，現在完了のように「相対的真偽関係」が問われる場合には，必ず過去完了形を使わなければならない。その代表は，次のような「間接話法」における使用である。

(25) John said that he had been ill.
   (ジョンは自分が病気だったと言った)
   cf. John said, "I was ill." / John said, "I have been ill."

ここでは,「自分が病気だった」ということの真偽は「ジョンの発言」に依存している。ジョンの発言が嘘であれば,当人の病気というそれ以前の出来事の事実もなかったことになる。なお,この場合,(21) や (24) などと異なって,that 節の動詞を単純過去形にすることはできない。単純過去形にすれば,ジョンの発言時点で彼が病気だったことになってしまう。

また,次の例では,「港に着いた」ときが,いわば「気づきの時点」になっていて,その時点でそれ以前の「船の出航」が確認されたという関係がある。

(26)　When I got to the port, the boat *had* already *left*.
　　　(港に着いてみると船は出航してしまっていた)
　　cf. When I got to the port, the boat left.
　　　(港に着いたら船は出航した)

過去完了で表されている部分の「真偽値」という言い方をすると,その査定は,港に着いた時点で行われたということになる。なお,過去完了では,現在完了と違って,次のように特定の時間を示す副詞句を使うことができる (Close (1975: 253))。

(27)　We arrived to find that the train had left *at 10.25*.
　　　(私たちが着いたときには列車は 10 時 25 分に出てしまっていた)

いわゆる「大過去」(過去の過去) の例である。この文の at 10.25 は主節の動詞も that 節内の動詞句も修飾することができるという点で「構造的にあいまい」だが,最初に that 節内にある場合を考えると,それは発車時刻として find で示される気づき (認識) の中に含まれていることになる。一方,主節の arrived (to find) を修飾する場合は，現在完了の「参照時」に相当することになるが，現在完了は必ず発話時点が「参照時」になるのに対して，過去完了の場合は，過去のどの時点でも任意に選ぶことができる。したがって，いずれの場合でも，現在完了と違って，特定時点を表す副詞の使用は問題ないことになる。

過去完了について，松村 (1996: 107) は「過去完了が用いられた場合，描かれる出来事の実現に対して無関心であることが多く，しばしば非現実が含意される」と指摘しているが，そもそも過去は記憶の中の世界であり，事実確認のための「参照時」とするにはなじまない。ここに，いま現に話し手と聞き手のいる現在を「参照時」とする現在完了との決定的な違いがある。それでも，出来事相互の真偽関係が問われる場合には，(25) や (26) のように，完了形は義務的になる。

3.6.2. 未来完了の意味構造

次に，未来完了についてごく短く触れておくことにする。この場合は，未来のある時点から見て，ことの真相が確認されるはずだという意思表示である。

(28) Before we get to the station, the train *will have* already *left*.
(駅に着く前に列車は出てしまっているだろう)

ここでは，どうやら列車に遅れそうだという予想をしながら，「駅に着く」という事態に実際になってみて，その真偽が確認されるという状況を表している。これは，(26) の過去完了形を時間的に未来に移行した関係と言えるだろう。

3.6.3. 時間の距離に無関係な過去完了

英語では，いくら時間が過去にさかのぼっても，*had had＋過去分詞のように助動詞の have が重複した形はない。あとの第12章2節で述べるように，言語によっては，過去を細かく分けてそれぞれに異なる時制を持つものがあるのと対照的である。これは，have＋過去分詞という形はあくまでも相対的な関係を示す表現であることによる。「参照時」はそれぞれに対して一つだけでよく，それが単純過去で記されている出来事でも，あるいは過去完了で記されている別の出来事でも，それとのつながりが分かりさえすればよいわけだから，過去完了の形は一つあれば足りるからである。

なお，「普遍の真理」や「歴史的事実」の場合，「時制の一致」を受けないことが多い。

(29) a. Einstein maintained nothing *travels* faster than light.
 （アインシュタインは光より速いものはないと主張した）
 b. We learned that Edison *invented* light bulbs.
 （エジソンが電球を発明したと教わった）

このような文における従属節は，「出来事の相対的事実関係」にないため「絶対的真理」として独自の叙法＝独自の時制標識を保持することになる。たとえば，(29b) の場合は，「エジソンの電球発明」は，主節の「私たちが習った」という出来事と，真偽関係においていっさいのつながりがない。

Dahl (1987: 147) によると，「遠い過去」を表すために，多くの言語で過去完了が使われる。たとえば，イタリア語，ブルガリア語，エストニア語，ヒンズー語，ペルシア語，フィンランド

語などである．それに対して，英語では，次の (30a) の過去完了形よりも，(30b) の単純過去形のほうがふつうである．

(30) a. ?Henry VIII had been married six times.
   　　（ヘンリー8世は6回結婚した）
   b. Henry VIII was married six times.

これは，上記のように，英語の「過去完了」が，時間的距離として「遠い過去」を表すものではなく，過去の出来事どうしの連関を示すために用いられるからである．ただし，Comrie (1985: 26) によると，アメリカ東部の英語では過去完了が「遠い過去」を指すようになってきているという．言い換えると，絶対的な時制の性格を帯び始めているということになる．Dahl (1987: 169) によれば，上記以外の言語でも，ベンガル語などでは，もともと「大過去」であったものがもっぱら「遠い過去」を指すように歴史的変化を遂げたということであるが，英語の一部でも，そのような変化が起き始めているのかもしれない．

3.7. 現在完了の変化

英語の現在完了もまた，いくつかの変化のきざしがある．現在完了は，過去の出来事を描写するという点で，単純過去と重複しているが，柏野 (1999: 156)，Crystal (2003: 225)，Radden and Dirven (2007: 212) などが指摘しているように，とくにアメリカ英語の口語で，現在完了の代わりに単純過去を使う傾向が強まっている．この理由としては，現在完了は，陳述の真偽判定に対して，いわば間接的な表現であるから，その分だけまどろこしく，単刀直入に単純過去形を使うほうが好まれるということが

あるかもしれない。

また,上の3.2節で述べたように,通例,英語の現在完了は過去の特定時点を表す副詞はとれない。しかしながら,Ritz (2012: 899) によると,オーストラリアの口語英語では,現在完了に過去の特定時点を表す副詞が使われるようになってきている。この現象は,フランス語の「複合過去」などのように「過去時制」としての用法を帯び始めたことをうかがわせる。たとえば,次の警察の記者会見の例がそれである。

(31) At about 3.20 pm yesterday a man has entered the Eat-N-Run take away store on Golden Four Drive, Bilinga, armed with a rifle.　　　(Ritz (2012: 899))
(昨日の午後3時20分,(ゴールド・コースト市)ビリンガ,ゴールデン・フォア通りのテイクアウトレストランにライフル銃で武装した男が押し入りました)

過去の副詞を使うのなら単純過去にすればよさそうなものだが,ここでは,現在完了の「ホット・ニュース」のニュアンスが効いている。そのために,このような用法が生まれたのだろう。

3.8. まとめ:真偽判断の二つのモード

発言内容の「真偽判断」には,単純時制による,いわば「絶対的なモード」と,完了形による「相対的なモード」の二つがあることになる。「絶対的モード」というのは,時の副詞も yesterday や ago のような「直示的」なものを使って,いわば指で指すように直接的に出来事を示して「真」を主張する場合であり,「相対的モード」というのは,ある出来事を別の出来事(ないし

時点)に関連させて,それによって間接的に「真」を導くというものである。これは,方向指示や位置の判断において,東西南北などを用いた絶対的なモードと,自分やほかのなにかを基準にして位置を決める相対的なモードがあるという現象(第13章1節)に並行的である。そうすると,「絶対」「相対」というのは,人間の思考様式の自然な反映であるかもしれない。

　かたや時間,かたや空間という違いがあるが,Lakoff and Johnson (1999) が言うように,時間表現は空間概念に基づいているという点でも,つながりは深い(第1章2.1節)。方向や位置はなんらかの物体や場所を特定するために必要な情報である一方で,時制や時間表現は,ある出来事の真偽を判定するために必要な情報である。すなわち,ともに,人間の「探査行動」にとって重要な意味を持っている。結局,空間にも時間にも,絶対・相対という二つの探査モードがあると考えられる。次の章では,英語の進行形が,現在完了と同様に,「相対的な時制」であることを明らかにしたい。

第4章　英語の「進行形」が表すもの

4.1. つかみきれない英語の進行形の姿

　英語の「進行形」は，現在完了と同じく日本では中学英語で扱われるぐらい基本的な文法事項でありながら，実は，現在完了以上に手強い構文なのである。たとえば，Binnick (1991) は，古代ギリシャ語以来の時制とアスペクトの研究を集大成した大著の中で，世界の言語で「進行相」を表すいろいろな形にはだれもが認めるような共通の意味はないとした上で，とりわけ英語の進行形について，「その使い方や単純時制との意味の違いを完全で満足のゆく仕方で解明した者はまだだれもいない」と述懐している (Binnick (1991: 281))。問題の原因は，英語の「進行形」の用法が多岐にわたっていて，アスペクトである「進行相」や「継続相」の定義に収まらないことにある。最初に，現在進行形の基本的な性質を，単純現在形との比較で確認しておこう。

(1) a.　John *works* hard.（ジョンは働きものだ）［習性］
　　b.　John *is working* hard.

(ジョンは（いま）せっせと働いている)

(2) a. She *is* silly.（彼女は愚か者だ）［性格］
   b. She *is being* silly.（彼女はばかなまねをしている）
(3) a. Spaghetti *cooks* in eight minutes.
      （スパゲッティは8分でゆであがる）［普遍の真理］
   b. *Spaghetti *is cooking* in eight minutes
(4) a. The river *flows* through the town.
      （その川は町を貫いて流れている）［恒常的状態］
   b. The river *is flowing* through the town.
      （川は（いま）町の中に流れ込んでいる）［洪水や河川工事などによる一時的状態］
(5) a. The path of the left *leads* to the top of the mountain.
      （左側の道は山頂につながっている）［恒常的状態］
   b. We've been on the path for hours. I wonder where it *is leading* us?　　　　　(Dowty (1975: 583))
      （もうこの道を何時間も歩いている。いったいどこに出るんだろうか）［自分がいま現在置かれた状態］

このように，単純現在形は事物や人の特性・習性などを表すのに対して，現在進行形は今まさに起こっている状況を表し，それは「一時的」な状況であることが多い。補足すると，(4b)は現実的な状況だが，(5b)は話者の意識の中で「いまそういう状況の中にある」ということである。要するに，それが現実的なものであれ主観的なものであれ，進行形は「いま現在の状況」を示していることになる。

　この意味で，現在進行形こそ本物の現在時制だとする説もあ

る。英語の現在形の特質は，たとえば，フランス語では，現在形が動詞の種類にかかわらず発話時点において真である出来事を表現することができるのと対照的である。町田（1989: 55）の指摘するように，英語の単純現在形でそのような事象を表すのは，beやhaveなどに代表される状態動詞だけである。これを踏まえると，英語の完了形にhave，進行形にbe動詞が使われるのは偶然ではないと考えられる。実際，進行形そのものが「状態」を表すものだとする見解もある。たとえば，Vlach (1981: 274) は，場所の副詞は状態を表すことを指摘した上で，Max was flying. は Max was in flight.（マックスはフライト中だった）に等しいと述べている。歴史的に見ても，これは裏付けのある主張である。たとえば，He is hunting. は He is *on* (=in) hunting. に由来する形だからである。進行形が「状態」を表す証拠として，通常は命令文にできないということも挙げてよいだろう。「継続」を命令するには，beの代わりに，Keep sitting.（座っていなさい）のように，keepなどを使わないといけない。ただし，Palmer (1974: 33) が挙げている次の例のように，例外がある。

(6) a. Don't *be reading* when I come in!
   （私が入ってくるときには読書していてはいけない）
   b. *Be reading* when I come in!
   （私が入ってくるときには読書をしてなさい）

これについて，安藤（2005: 127-128）は，(6a) のように否定文だったり (6b) のように when 節などの時間的条件があったりすると命令文になりやすいと指摘している。これは，活動の継続や中断が明確になり，keepやstopで表されるのと同じ効果が生じるからだろう。その証拠に，意図的な行動のできない状態動

詞は，このような条件下でも，命令文の進行形は許されない。

(7) *Don't be belonging to that group.
　　　（そんなグループに所属しているな）

4.2. 進行形の多彩な用法

進行形の多彩とされる用法には，次のようなものがある。

（A）　別の出来事の「背景」としての用法
My wife *was talking* on the phone when I came home.
（家に帰ったとき，家内は電話でおしゃべり中だった）

（B）　行為者の性質・習慣
He*'s* always *telling* stupid jokes.
（彼はいつもくだらない冗談ばっかり言っている）

（C）　一定期間の行為の反復・状態の継続
We*'re having* breakfast at eight during the holidays.
（休暇の間は8時に朝食をとっている）

（D）　近い未来や予定を表す用法
My dad *is taking* me to the amusement park next Sunday.
（パパが今度の日曜に遊園地に連れてってくれる）
We'd better *be dressing* for dinner (=begin to dress).
（そろそろディナーのために着替えないと）

（安井・久保田（2014: 196））

（E）　「解釈」の用法（"interpretive progressive"）

> I can only add that when Paul Gascoigne says he will not be happy until he stops playing football, he *is talking* rot. (Mair (2012: 806))
> ([サッカーの名選手]ポール・ガスコインがサッカーを辞めるまでは幸せじゃないと言うなんて，たわごとを語っているとしか言いようがない)

たしかに，この最後の例などは，「進行」や「継続」の意味は少しも感じられない。

4.3. アスペクトか時制か

このように複雑な用法を反映して，名称や文法的なレッテルも一定しない。多数派は，Declerck (1991) や Huddleston and Pullum (2002) のように，「アスペクト」の一つと見なし，「進行相」や「継続相」という扱いをするいわば保守的な立場である。その主な根拠は次のとおりである。第一に，「現在時制」「過去時制」と違って，動詞の活用ではなく，be+現在分詞（Huddleston and Pullum は動名詞と現在分詞は同じと考えて「動名詞-分詞」と呼ぶ）という形で迂言的に表されること，第二に，現在や過去という時制を問わずに用いられること，第三に，「現在完了進行形」（have been+現在分詞）として，やはり「アスペクト」と見なされることの多い完了形よりも，統語的にさらに主動詞に近い位置に置かれること。

Comrie (1985) の定義によると，時制とアスペクトの相違は，第 1 章 3.2 節で述べたように，時制は，いわば外側の視点から出来事をまるごと眺めるのに対して，アスペクトは，「出来事

を内側の視点から眺める」というものであった。しかし，Dahl (1987: 76) は，たとえば，John is sitting on a chair.（ジョンはいすに座っている）のような文で，「状況の内部に注意を向ける」とはどういうことなのか，理解しがたいと反論している。このように，英語の進行形は，「アスペクト」の定義の枠内にうまく収まらない。

そこで，アスペクトではなく時制の一種と考え，「拡張された時制」(extended tense) (Leech et al. (2010)) と言われることもある。英文法の代表的な学者であるイェスペルセン（Otto Jespersen）も，同様に，expanded tense（拡大時制）と呼んでいる。

安井・久保田（2014: 191-193）は，名称がいろいろあることは，文法体系のどこに位置づけるかについての困難を反映していると述べた上で，動名詞と現在分詞の語尾が同じ形（-ing）になったことによる be+ 現在分詞と be on+ 動名詞構文の混同が意味用法へ影響したと指摘している。

ついでに言うと，Mair (2012: 803) は，意味的な概念である「進行的な相性（そうせい）」(progressive aspectuality) と，その形態的な現れである「進行相」(progressive aspect) は区別する必要があると述べている。名称と内容，あるいは，文法的な特色と意味的な性質とを分けて考える必要があるのは，ほかの文法事項でも同じであり，「看板」に囚われていると，実体を見誤る恐れがある。

4.4. 相対時制としての進行形

本書では，結論から言うと，英語の進行形は，完了形と同様に「相対的な時制」と考えると都合がよいことを示そうと思う。完

了形が「相対的な過去」であるのに対して、進行形は「相対的な現在」である。では、「相対的な現在」とはどういうことか。それは、特定の時点ないし同時に起きている別の出来事に結びつけて出来事を記述する形式だということであり、文の真理値ということを問題にすると、それが依存関係にあるということである。具体例で見てみよう。

(8) a. Mom *is having* tea with her friends (now).
 (ママは友だちとお茶してます)
 b. When I visited him, he *was painting* his house.
 ［過去進行形］
 (訪ねたとき、彼は家のペンキ塗りをしているところだった)
 c. "Did you talk with your advisor?" "No. He *was just having* a meeting."
 (「指導教員と話しましたか」「いいえ、会議中でした」)

現在進行形の場合は、(8a)のように、「発話時」という絶対的な時点が基準になる。すなわち、「記述されている出来事が現時点において真であることは現状に照らせば分かる」という含みを持つのが現在進行形である。一方、過去進行形や未来進行形では、進行形で表されている出来事と関連する別の出来事が(8b)のように明示されるか、あるいは、(8c)のように含意される。(8c)では、「指導教員を訪ねたとき」という含みがある。上で挙げた(A)出来事の「背景」を表す用法というのは、出来事が別の出来事(によって特定される時間)に結びつけられるという進行形の特性が最も顕著に現れた用法である。

4.4.1. 時間を記述するものとしての進行形

　後述するように，歴史的に見ると，英語の進行形は用法の変化や拡大が著しいが，少なくとも現在の英語では，結論から言えば，「ある出来事によって特色づけられる時間が存在する」ということを示す仕組みであると提案したい。これが，「相対的な現在」とともに，進行形のもう一つの特色であると考える。すなわち，動詞によって表される行為や動作などを直接的に記述するのではなく，直接的に表すのは，あくまでも「時間」である。たとえば，She is speaking on the phone.（彼女は電話中だ）という文なら，電話で話し続けている（継続）というよりも，「彼女が電話で話すということが現時点について言うことができる（真である）」ということである。こんなふうに言うと，いたずらに事態を複雑にしているように思われて当然だろう。けれども，これまで英語の進行形のベールをはがせなかったのは，このような，いわば出来事と時間との二重構造のためではないだろうか。

　上で紹介したJespersen (1931: 180) は，「拡大時制（＝進行形）で示される行為ないし状態はほかのなにかを取り囲む時間枠（a temporal frame）と考えられる」と述べているが，これは本書の主張にきわめて近い。「ほかのなにか」というのは，(8) に示したように，発話時や過去ないし未来における特定の時点，あるいは他の出来事である。Jespersenは，それ以上のことは述べていないので，その「時間」の性質もそれ以上分からないし，こう考えることによってさまざまな用法がどのように説明されるかも分からない。そこで，この問題にさらに踏み込んで考えてみようというのが本章の目的である。以下，主張を裏付けるために具体例を見ていくことにするが，その前に，「単純現在」と「現在進行形」の違いを確認しておこう。

4.4.2. 時間の断片としての進行形

例 (1a) のように，John works hard. という現在形の文は，ジョンは働き者だという性格描写であり，（ジョンが元気なうちは）際限なく続きうる状況を表している。もちろん，On weekdays / From nine to five, he works hard.（平日には／9時から5時まで彼はよく働く）のように時の副詞による限定を受けることもあるが，そういう条件下での恒常的な性格描写であることには変わりがない。一方，John is working hard. は，（そうでない時間に対して）「いま(は)ジョンはせっせと働いている」という意味で「一時的な (temporary) 状況」を表している。Declerck (1991: 157) のことばで言えば，「限られた継続期間」(limited duration) である。

この違いを論理学に当てはめるなら，「現在」は「全称命題」に対応し，「現在進行形」は「存在命題」に相当する。ここで，時間をtで表し，"John work(s) hard" を P（命題: proposition）として論理式で表すと，ごく概略的にそれぞれ次のようになるだろう。

(A)　$\forall t Pt$: ジョンがせっせと働くということがすべての時間において真である

(B)　$\exists t Pt$: ジョンがせっせと働くということが真であるような時間が存在する

「式」(B) では，ある時点ないし他の出来事に対して相対的だという進行形の性質を描けていないので不完全だが，ここでは「全体」対「部分」という関係にだけ注目したい。「全体」対「部分」という捉え方が人間の基本的な思考パターンの一つであるなら，単純現在形と現在進行形は，その時間的な現れであると言えるだ

ろう。ただし,「部分」とは言っても,後述(4.7節)するように,その長さはまったく不定であり,きわめて長い場合もあるし,「部分」という含みも,実は,進行形の「相対的現在」という特質から間接的に生じるものなのである。

なお,研究社の『新英和中辞典』(第5版)に「while節には進行形が多く用いられる」という記述があるぐらい,進行形はwhileという接続詞と相性がよい。

(9) While she *was singing* he left the room.
(彼女が歌っている間に彼は部屋をあとにした)

Traugott (1978: 387) の指摘するように,while は古代英語でずばり 'time' (時間) を意味する語が起源である。これも,進行形は「時間」に密接に関わっていることを物語っているのではないだろうか。もともとは「進行相」や「継続相」というアスペクトを表していた英語の進行形が,「時間」を表すものに変化したとしても,継続とは時間の流れにほかならないものだから,不思議ではない。また,進行形がふつうは命令文にできないということも,いわば時間の流れを随意に操ることはできないからだとして理解されるだろう。

英語の場合,スラブ系の言語に見られる「起動」「継続」「終結」などのアスペクトは,Freed (1979) が扱っているように,それぞれの意味を「語彙的アスペクト」(lexical aspect) として内包している begin, keep, stop などの動詞によって肩代わりされていると考えることができる。なお,上で述べたように,たとえば keep sitting なら命令文も可能だが,keep は意図的に始めたり止めたりできるという点で,進行形と異なるからである。

4.5. 進行形の表す時間

4.5.1. 近接未来

　die, finish, arrive など，瞬間的な出来事を表す動詞は，本来「継続」や「進行」の意味にはなじまないものだが，進行形で用いられて，「近接未来」を表す。Leech et al. (2010: 132) は，英語の進行形は「未来」を表す用法があるという点で世界の言語の中でかなり変わり者だと述べている。たとえば，The train is arriving. なら，「到着している」ではなくて「まもなく到着する」という意味になる。この文は，本書の主張に沿って考え直すと，「列車到着」という出来事によって特色づけられる時間のあることが現時点において真であるということを含意していることになる。すなわち，「到着」という事態は現時点ではまだ起きていないが，すでにその気配が濃厚で，そのままの成り行きなら実現に至るという状況である。この含みは，もともとの進行形から「未来」を表す形式の一つとして定着した be going to に顕著に現れている。

(10) a. The rock *will* fall.（その岩は落ちるだろう）
　　　b. The rock *is going to* fall.（その岩は落ちかかっている）

(10a) は単なる予測に過ぎないが，(10b) では，すでに亀裂が生じているなどの兆候がある事態を述べている。なお，Binnick (1972: 3) は，(10a) のような文は，たとえば次のように条件が示されないと不完全 (incomplete) な感じがすると述べている。

(10′) The rock *will* fall if you pull the wedge out from

under it.

(もしその下からくさびを引き抜くとその岩は落ちるだろう)

これは,予測を立てるには,なんらかの根拠が必要だからとして説明されるだろう。

　一方,be going to の特性について補足すると,それによって示される場面が実現するための条件がすべてそろっている必要がある。したがって,次の文では,相手(you)はそもそも受講するかどうかも決めていないわけだから,will はよいが be going to は使えない(Declerck (1991: 115))。

(11) You *will* (*are going to) learn to drive a car proficiently if you take this course.
(このコースを受講すれば効率的に車の運転が学べます)

さらに,Haegeman (1989: 296) によると,be going to は,will と違って,already ともなじみやすい。

(12) We *are already going to* (*?will already*) have the kitchen redecorated. We cannot have the builders in too.
(もう台所を改装してもらうことになっているんだから,その建築業者まで呼ぶことはできない)

これも,be going to は出来事が始まりかけていることをにおわせるためである。

4.5.2. 状態動詞の進行形

　ふつうは進行形になじまない状態動詞が進行形で用いられるこ

とがある。

(13) I've only had six whiskies and already I'm *seeing* pink elephants. (Comrie (1976: 37))
(まだウイスキーをたった6杯しか飲んでないのに、ピンクのゾウが見えてるぞ)

see は、意識的にはコントロールできない知覚動詞であるから、通例、進行形にできないが、この例では、正常な状態に対して、酔っぱらって感覚がおかしくなったという現在の（一時的）状況を表している。

次の例は、典型的な状態動詞の resemble でも、比較級の副詞があれば進行形になりうるというものである。

(14) He *is resembling* his grandmother more and more as he is growing older. (Declerck (1991: 172))
(彼は歳をとるにつれてますます祖母に似てきている)

これについて、Declerck は「徐々に進む過程（の始まり）」を表すと述べているが、これも、「（すっかり）似ている」という事態に向かう兆候がすでに現れているということを示すケースだと考えられる。

ただし、柏野（1999: 122-123）によれば、(14) のような状態動詞の進行形は不自然と感じて、he is coming to resemble … のような言い方のほうがよいと言うネイティブスピーカーもいるとのことである。

4.5.3. 複数の意味があるケース

最初に、副詞のかかり具合が2通りある例である。

(15) I'll *be flying* to London at 5 p.m.

(Declerck (1991: 167))

「午後5時に」という副詞のかかり方によって,一つは,「5時にはロンドンに向けて飛行中」という「継続」を意味するもの,もう一つは,「5時にはロンドン行きのフライトに乗ることになる」という「近接未来」の場合である。

では,次の例はどうだろうか。場面としては,客を招いてのパーティーが開かれようとしているようなときである。

(16) Our guests are arriving.

この文は主語が複数名詞であることがポイントで,それによってあいまいさが生まれ,(i)「お客さんたちはまもなく着くところだ」,(ii)「お客さんたちは次々に(三々五々)到着している」という二つの意味がある。図示するなら,それぞれ次のようになるだろう。G は客(guest)を表すものとする。

[A]　[⋯⋯⋯⋯⋯⋯ $G_1G_2G_3$ ⋯⋯]
[B]　[⋯⋯ G_1 ⋯ G_2 ⋯⋯⋯ G_3 ⋯]

[A]の状況は全員がそろってやってくるような場合で,上記の「近い未来」に相当する。この場合,たとえば,予告の電話があったり,到着予定時間が迫っていたりして,話者が事態の実現に確信があることになる。他方,[B]は,すでに到着している客もいる状況下で,「客の到着によって特色づけられる時間がいま存在している(真である)」ということである。

4.5.4. 座ってないのに座っている？

Vlach (1981: 280) は，たとえば，映画館や劇場などで空席かどうかを尋ねるときの言い方として，次の進行形の例を紹介している。

(17) *Is* someone *sitting* here?
（ここはだれか座ってますか）

だれも座っていないのに「座っているか」という質問は，文字通りに考えると矛盾になってしまう。この例からしても，進行形は出来事の継続を表すものではないことが分かる。目下，「座る」という行為はなされていないからである。Vlach は，(17) のように言えるのは，質問をしている「いま」という時点ではなくてイベントが行われる「今宵」という期間（interval）での出来事の継続が問題になっているからだと説明しているが，上の例を本書のことばで解釈すると，「だれかがこの席に座るということが現在において真か（あてはまるか）」ということになる。そうすれば，先の述べた「近接未来」などと同様に，いまという時点で当該の行為はなされていなくてもよいことになるし，Vlach の説明のように特定の継続期間を念頭に置かなくてもよいことになる。ある期間中に当該の行為が切れ目なく継続していなくてもよいのは，次のような場合も同じである。

(18) She *is writing* a new mystery novel this year.
（今年，彼女はミステリーの新作を書いている）

当然ながら，（人間なら）食事も睡眠もとらないでの「継続」ということにはならないからである。ついでながら，(17) は，Is this occupied by someone? でも同じ内容の質問になる。

4.5.5. 単純形と進行形の相違

進行形が，動作や行為そのものの継続を示すというよりも，「時間の特性」を表すものであるということは，次のような例を見ればいっそう明らかになるだろう。

(19) a. While my wife washed her hair, I looked after the baby.
(妻が髪を洗っている間，私は赤ん坊の世話をした)

b. While she was peeling potatoes, her husband was mowing the lawn.　　　　　　(Declerck (1991: 60))
(彼女がジャガイモの皮をむいている間，彼女の夫は芝を刈っていた)

(19a) では，二人の行動の間に相互了解のような連関があるが，(19b) は，相手が何をしているか知らないで，同じ時間にたまたまそれぞれの作業をしていたという含みがある。つまり，(19b) には，時間の重なりだけがある。

次の例も同じことが言える。

(20) a. We always meet at the museum.
(私たちはいつも博物館で会う(ことにしている))

b. I'm always meeting that girl in the museum.
(その娘とはいつも博物館で出会う)

(以上，Declerck (1991: 175))

(20a) は，博物館で待ち合わせをしている場合であるが，(20b) は，自分が博物館に行くと，その娘もたまたまそこにいて，偶然にはち合わせしているという場合である。

ついでながら，Fludernik (2012: 88-89) によると，小説など

において,進行形は,同時進行の出来事間の場面転換のために使われることが多い。次の例は,イギリスの小説家ディケンズ (Charles Dickens, 1812-1870) の『オリヴァー・ツイスト』 (*Oliver Twist*) (25 章) の一節である。

(21) While these things *were passing* in the country workhouse, Mr. Fagin sat in the old den, ...
    (こういうことが田舎の救貧院で起こっていたとき,フェイギン氏は古巣に座って ...)

いわば時間の壁を抜けて別の場面に移るようなもので,進行形が時間を表すという特質を活かした文章技法であると言えるだろう。

次に,現在完了と現在完了進行形の違いに目を向けよう。それを見れば進行形の特性がさらに際だつはずである。

(22) a. I have learned swimming.
    b. I have been leaning swimming.
    (私は今まで水泳を習っていました)

(23) a. Grandpa has repaired his old tractor.
    b. Grandpa has been repairing his old tractor.
                                    (Radden and Dirven (2007: 217))
    (おじいちゃんはずっと自分の古いトラクターを修理している)

いずれも現在完了であるが,第3章で論じたように,英語の現在完了とは,過去の出来事の真実が現在の状況に照らして確かめることができるという含みを持つ構文である。では,その「現在の状況」に関して,(22a) と (22b) の違いはなんだろうか。答

えを言うと，(22a) は，水泳を習っていて，ある程度の技能を習得したというような直接的な結果が見られる状況である。一方，進行形の (22b) は，「今まで水泳を習う時間があった」ということであり，たとえば，髪の毛が濡れているとか，身体がほてっているとか，なんらかの間接的な「状況証拠」が残っているような場合である。なお，これは，3章5.5節で見た現在完了の「推論」の用法につながるものであることを再び指摘しておく。
(23) も同様で，(23a) は修理が済んでいるのに対して，(23b) は，まだ修理中で，たとえば，おじいちゃんが家の中にいないとか，おじいちゃんの疲労ぶりなどの副次的な状況を伝えるときに使われる。

4.5.6. 意思とかけ離れた状況

要するに，進行形とは「当該の出来事を特色とする時間がある」という意味構造を持つ構文であるから，行為者の意思とは無関係にそういう事態になっているという含みを持つこともある。

列車の英語のアナウンスで，"We'll soon be arriving at …"（間もなく…に到着予定です）というのがあるが，これは，自然な時間経過として，やがて到着の時を迎えるというニュアンスを含む表現であると言えるだろう。次の例も同様である。

(24) I'll be having my baby in June.

(Leech et al. (2010: 140))

（6月には子どもが生まれるんです）

出産時期も（計画出産は別にして）自分の意思とは無関係である。

次の例はどうだろうか。

(25) I won't be seeing you again, but I sure will never forget your kindness.
（もう会うことはないかもしれませんが、ご親切は決して忘れません） (松村 (1996: 77))

これは、自分の意思はどうであれ、これからは会えないという事態になるだろうと予想しての発言である。単に、I won't see you ... と言えば、「会う気がない」と勘ぐられることになる。

松村（1996: 78-79）は、たとえば、車への同乗を求められた場合、I'll be driving in that direction any way.（どのみちそっちのほうに行くことになっている）と答えれば、相手に負い目を感じさせることがないと述べているが、これも進行形が出来事の自然な流れを表すことを利用した返答ということになるだろう。同様に、Leech et al. (2010: 140) によると、パーティーかなにかに誘われてそれを断る場合、I will not be taking part. は I will not take part. や I'm not going to take part. よりも丁寧だというが、これも、自分の意思とは無関係で「不本意ながら」というニュアンスが加わるからだと言える。なお、これは、上で述べたように、進行形は命令文になじまないということにもつながる。

4.5.7. love の進行形

マクドナルド社のCMで、2003年から "I'm lovin' (=loving) it" というキャッチコピーが全世界的に使われ、言語的な面からも物議をかもした。問題は、状態動詞であって、命令文や進行形では使えないはずの love が進行形になっているということである。文法的に誤りではないかとの疑問も呈され、インターネット上でも多数の議論やコメントがあった。その中には、この場合の

love は enjoy の意味だという指摘や,好きだという気持ちを強調するためだというような意見もあった。ともかく,意表を突いた表現がセンセーショナルな話題になれば,それだけで宣伝効果もあったわけで,そこにも広告制作者の思惑が潜んでいたかもしれない。

　このような使用例には,上記のように,進行形の用法が拡大して,とりわけ口語では状態動詞も進行形でどんどん使われるようになってきたという事情がある。事実,love の進行形も例外ではなくなってきている。

(26)　There is, too, the "touched out" phenomenon that occurs when a woman *is loving* her baby 24 hours a day.
（Mair（2012: 813））
（女性が赤ん坊に 24 時間夢中になっていると起こる「タッチアウト」現象というものもある）

Mair（2012）によると,現代英語では,現在形に関する限り,単純現在形よりも進行形の使用頻度のほうが大きいという。その変化の過程で,本来は進行形にはなじまない動詞も用いられるようになって,love が enjoy の意味を帯びるように,動詞自体が意味の変化をこうむるということもありうる。実際,Mair（2012: 812）も,「love が時間枠に入れられることによって enjoy の意味になっている」としている。柏野（1999: 124）は,like についても,次の例を挙げている。

(27)　How *are* you *liking* your visit to Disneyland?
（ディズニーランドに来て楽しんでいますか）

　本書のこれまでの主張に照らしてマクドナルド社のキャッチコ

ピーを考えると，もう自分の意思とは関係なく，"love"と言える状態になってしまっているということになるだろう。いわば，「はまっている」とか，一種の「マイ・ブーム」状態である。上記の (26) も一種の病的状態を暗示している。逆に見れば，自分の意思で始めたり止めたりできないことを表す状態動詞が進行形で用いられるようになっている事実は，進行形自体が「意思」とは無関係である状態を表すようになってきているということを示すものにほかならない。

4.5.8. Google の検索ボタン

同様の問題として，インターネット検索の有力なサイトの一つである Google のホームページには，［Google 検索］というボタンと並んで［I'm Feeling Lucky］というボタンがある。検索項目を打ち込んで［Google 検索］を押すと，関連するサイトがずらずらと一覧表示され，その中から，最も関連しそうなサイトを自分で選んで開くことになるが，［I'm Feeling Lucky］は，最も関連しそうなサイトのページが「一発で」開くという仕組みである。feel は「触る」という意味なら動作動詞で，進行形もごくふつうに可能であるが，「感じる」という意味だと状態動詞なので，常識的な進行形のイメージでは，違和感を覚えるのも無理がない。

けれども，これまでの議論を踏まえると，I'm feeling lucky. というのは，「いまは，自分はどうやら運が向いているらしい，ついてる気がする」という意味になることが理解されるだろう。「ついてるから，目的のページが見つかるか一か八かで賭けてみよう」ということになる。いわば運試しである。このボタンに関しては，Google 社内に，いろいろなサイトに掲載されている広

告のバナーを見てもらえる機会が減るとして,廃止論もあったとのことだが,敢えてそのまま残しているところに,この表現に込められたパンチ力とともにGoogle社の遊び心を見る思いがする。

4.6.「解釈」の用法について

次に,4.2節で「進行」ないし「継続」の意味とは最もかけ離れているとして挙げた(E)「解釈」を表すという例について,本書の主張に立って考えてみよう。

(28) a. I can only add that when Paul Gascoigne says he will not be happy until he stops playing football, he *is talking* rot. (=4.2. (E))
  b. When I said 'the boss' I *was referring* to you.
    (Huddleston and Pullum (2002: 165))
   (私が「上司」と言ったとき,あなたのことを言っていたんですよ)
  c. When she said that, she *was lying*.
    (Leech et al. (2010: 119))
   (そう言ったとき,彼女はうそをついていた)

(28a) について,Mair (2012: 806) は,ガスコインの発言について話者がメタ言語的にコメントしているものだと説明している。ついでながら,メタ言語(metalanguage)とは,たとえば,「犬は名詞だ」の「名詞」のように,ことばについて語ることばのことである。では,「英語に未来はあるか」と言ったらどうだろうか。これはあいまいな文であり,一つは,「英語の将来は危うくないか」という文字通りの意味,もう一つは,「未来」

は未来時制を省略した言い方で,「英語は未来時制を持っているか」という意味のメタ言語の例である。文法は,ことばについて記述するものであるから,典型的なメタ言語ということになる。

Huddleston and Pullum (2002: 165) は,(28b) について,say と refer は完全に同時であり,単純過去形の "I referred ..." でもかまわないが進行形のほうがよいとして,進行形をアスペクトと考えた上で,その理由を次のように述べている。内部的な視点に立つアスペクトである進行形は,出来事の性格に焦点を合わせて,それをスローダウンしたり引き延ばしたりする働きを持つというのである。いわば,「ズームレンズ」のような働きをしているという主張である。

しかしながら,本書では,進行形は当該の出来事によって特色づけられた時間を記述するという主張に基づいて,次のように解釈したい。(28a) の問題の部分は,ガスコインの発言と同時並行的な別の視点に移動してそのときの状況を解説したものである。Leech et al. (2010: 119) は,「解釈用法」では話し手が相手と異なる見解を述べることが多いという観察事実を紹介しているが,これは,上記のように,話し手独自の視点から解釈してみせるということによると考えられる。「解釈用法」は,いわば俯瞰的なアングルで撮った映像を再生しているようなものである。これは,出来事を時間の流れに投影して示す進行形だからこそできる技であり,進行形は,いわば一歩退いた形でものごとの成り行きや実態を描くのに適していると言えるだろう。

本書の主張を繰り返すと,進行形は,ある出来事をその時の時間的特質として記述するものである。Comrie (1985) の定義によれば,時制とは出来事をその外部から眺めるものであった。この意味でも,英語の進行形は時制としての地位を獲得するに至っ

ていると言えるのではないだろうか。時制なら，状態と非状態のような動詞の種類によらず使うことができる。ただし，動詞固有の「語彙的アスペクト」(Aktionsart) に応じて「継続」や「予定」などの違いが生まれるが，それは，He works hard.（常態的な性質）と I say "Yes".（一時的行為）のように，単純現在形についても言えることである。

4.7.「接線」としての進行形

進行形は，数学にたとえて言えば，ある点や図形に対する「接線」に似ている。ただし，その長さは具体的には示されないことが重要な特徴である。ちなみに，Dahl (1987: 91) が指摘するように，進行形はある一時点を表す副詞とは共起するが，(29b) のように，継続期間を限定する for との相性はよくない。

(29) a. At twelve o'clock sharp, John *was* still *writing* the letter.
    (12時ちょうどに，ジョンはまだ手紙を書いていた)
  b. ?John *was singing* for ten minutes.
    (ジョンは10分間に渡って歌っていた)
  cf. John sang for ten minutes.
    (ジョンは10分に渡って歌った)

一方，from X to Y という副詞とは共起可能である。

(30) a. From two to three I *was reading* a magazine.
  b. From two to three I *read* a magazine.

(Declerck (1991: 159))

Declerck によると，(30b) では 3 時には読書を終えたのに対して，(30a) の進行形では，3 時以降も読書が続いていたかもしれないという含みがある。この場合は，「2 時から 3 時」という幅のある時間が進行形の「接点」(接触面) になっているのに対して，たとえば，I saw an accident when I was walking in the street.（通りを歩いていて事故を目撃した）では，「接点」は一瞬だろう。

次の例は，進行形で表される「接線」自体は果てしなく長くてもよいことを示している。

(31) The earth *is revolving* around the sun at a rate of 365¼ days per revolution.
（地球は 1 回転につき 365 と 4 分の 1 日で太陽の回りを回っている）

このようなケースを理由に，Dowty (1975: 584) は，「一時的な状況」を表すのが進行形の特性だという見解には疑問を投げかけている。では、次の例はどうだろうか。

(32) The Ferris wheel *is revolving* at a rate of 15 minutes per revolution.
（その観覧車は 15 分で 1 回転している）

この場合、回り続けるのはせいぜい営業時間だけだろう。(31) と (32) を比べて分かることは，「継続時間」(= 「線分」の長さ) というのは，私たちの知識や常識によるということである。どちらの文も，本書の表現で言えば，「...の回転率で回るのは現時点において真である」という意味であることに変わりがない。結論を言うと，進行形で描かれる出来事の継続時間はあくまでも

不定である。進行形が実際に記述しているのは，ある時点や別の出来事との「時間的接点」だけであり，その時点ないし期間において「真である状況」を表しているにすぎない。線分の長さ，すなわち，継続時間は，出来事に関する常識や語用論的知識，あるいは文脈などに基づいて，私たちが勝手に推し量っているものである。だから、人によってもその想定値には幅があることになる。本章の最初の例 (1)-(5) で見たような「一時的状況」というニュアンスは，あくまでも「ある時点や出来事に相対的」という進行形の基本特性から派生的に出てくる含みであり，このような特性のない単純現在形と比べて，その継続時間は短いと判断されることが多いというだけのことである。第3章で見た現在完了に伴う「現在との関連性」と並んで，構文の本質的な機能とそこから副次的に派生される含みとを混同してはならない。

なお，(31) はもちろん単純現在形 revolves で表すこともでき，その場合は地球の（普遍的）特質描写になる。(31) に，宇宙的時間スケールでは回転速度が変化しうるという含みがあるかどうかは分からないが，進行形で表すことによって，いまそれを体験している感覚が浮き立ち，一種のダイナミックな感じがかもし出されるのはたしかだろう。進行形は時間の流れでもあるから，「ダイナミズム」も進行形に必然的に伴う彩り（「進行」の感覚）と言えるだろう。

4.8. 感情的色彩

進行形が持つ意味合いの一つに，感情的な含み（通例ネガティブな焦燥・驚き・非難など）がある。

(33) a. He always *loses* his temper.

（彼はいつもかんしゃくを起こす）

　　b. He's always *losing* his temper.

(Huddleston and Pullum (2002: 166-167))

(34) 　Now, that boy *is* again *whistling* his infernal melodies.

（あいつ，また忌々しい口笛を吹いている）

(安井・久保田 (2014: 195))

この用法は，継続的な予期しない（典型的には望ましくない）出来事を表すもので，always, continually, constantly, forever などの副詞を伴うことが多い。しかしながら，同じ副詞でも，単純時制と進行形では意味が違うことがある。たとえば，Huddleston and Pullum (2002: 166-167) によると，always は，単純形では on all occasions（あらゆる機会に）の意味だが，進行形では constantly（絶えず）の意味になるという。すなわち，(33a) ＝「ことあるごとにかんしゃくを起こす」，(33b) ＝「のべつまくなしにかんしゃくを起こしている」という意味の違いがあることになる。(33a) は，「彼」の「切れやすい」性格描写であり，かんしゃくを起こすきっかけがその都度なにかしらあるのに対して，(33b) は，「かんしゃくを起こす時間」が絶え間なく続いていて，理由もなく怒ってばかりいる状態を表していることになる。

　安井・久保田 (2014: 195) は，進行形には叙述形容詞のような叙述力があり，単純時制より具体的で，行為を浮き上がらせ強調する働きがあると述べており，(34) に見られるニュアンスはそれによって生じたものであることを示唆している。しかしながら，進行形はある出来事によって特色づけられた時間を示すもの

であると考え，上の4.5.7節で述べたように，しばしば行為者の意思を超越して習性となった状態を表すと考えると，そのように常態化した状況に対するもどかしさや苛立ちを表すために使われることも不思議ではないのではなかろうか。

4.9. 増える使用率

英語の進行形は，上記のように，意味用法を拡げながら，使用率も増加してきている。Leech et al. (2010) のデータベースを駆使した調査によると，イギリスとアメリカで，能動態・受動態など使われる構文の頻度に違いはあるが，基本的に，口語における増加が顕著で，イギリスでは，電話，手紙（メール），対話，テレビニュース，討論，授業などで，「リアルタイム」の現在進行形が増えている。また，will+進行形の「未来進行形」が増えているのもイギリスの特色だという。ただし，たとえば，状態動詞の進行形や「解釈用法」など，新しい使い方が全体的な増加率につながっているのかどうかは分からないとしている。いずれにせよ，書きことばでも進行形が増えているとのことであり，書きことばの口語化も影響しているだろう。

付言するなら，このような増加は，フランス語などと違って，状態動詞（stative verb）を除いて，単純現在形は現在の行為を表さないということと無関係でないだろう。

(35) a. She *sings* very well.
（彼女は歌がうまい）［動作動詞］〈永続的性質〉

b. She *has* a cold.
（彼女は（いま）風邪をひいている）［状態動詞］〈一時的状

態〉

c. She *is singing* a lullaby.
   (彼女は(いま)子守歌を歌っている)
d. Il *chante*. (彼は歌う/歌っている) [フランス語]

第5章　英語の「未来時制」と近代的時間意識

5.1. 未来時制の性質

　私たちは，時間というと「過去」「現在」「未来」と機械的に三つに区分する習慣が身についており，しかも，通常，それらの間の質的相違などはあまり意識しないが，アリストテレスのことばでは，「現在」および「過去」と違って，人間は未来を直接に知覚したり「思い出したり」することはできない。すなわち，「未来」はほかの時間とは認識論的な性質を異にして，とらえどころのない存在である。

　そもそも未来時制を持たない言語もあるが，それを持つ言語でも，未来のおぼろげな性質を反映して，言語における扱いもさまざまである。Dahl（1987: 188）のまとめによると，世界の多くの言語で見られるという意味で，「未来」は時制の主要範疇の一つだが，動詞の屈折で表されることの多い「過去」や「現在」に比べると，助動詞などで迂言的に表現されることが多く，しかも，使用が義務的でないなど，一貫性を欠く場合もあるという。たとえば，東西スラブ語（ロシア語，チェコ語，ポーランド語）

には，英語のbe動詞に当たる「連結動詞」(copula) を除いて，形態的な未来形はない。

諸言語における「未来時制」の起源として，もともと未来時制を持つ言語以外では，Dahl (1987: 108) によると「意図」(intention) と「予測」(prediction) を表す表現に由来するものがあるという。これが，英語やドイツ語のようなゲルマン系言語もその例であるように，法の助動詞から派生した「未来時制」を持つ言語が多い理由だろう。一方，Hewson (2012: 528) によると，アフリカのニジェール・コンゴ (Niger-Congo) の言語，アジアのチベット・ビルマ語 (Tibeto-Burman) 系統，および，アメリカ先住民族諸言語 (Amerindians) などでは，動詞の屈折による「叙法」で未来と非未来（現在・過去）を区別する。助動詞か動詞の屈折かという違いはあっても，未来は他の時間と比べて叙法的な性質が強いというところにも，上記のアリストテレスのことばにあるような「現在」「過去」との性質の違いが浮き出ていると言えるだろう。

未来の叙法的な特質，具体的には現実感の乏しさを端的に表しているのがビルマ語である。ビルマ語では，各文の末尾に，「現実」(realis) を表す標識 ([tɜ] など) ないし「非現実」(irrealis) の標識 ([mɜ] など) が義務的に付加されるが，Comrie (1985: 45) によると，「非現実」の標識の典型的な用法は「未来」を指すものであるという。ビルマ語では，「未来」は明らかに非実在的な領域として扱われていることになる。

この結果，Dahl (1987: 103) の言うように，多くの言語で，「未来」に関しては時制と叙法との区別があいまいになる。では，そのあいまい性は現代英語の場合はどうだろうか。次の節では，「未来時制」will の性質を検証することによって，この点を

考えてみよう。

5.2. 英語の「未来時制」

5.2.1. 見解の相違

　上記のように，英語の「未来」は，もともと法の助動詞であったshallとwillで表されるようになったが，古代英語（OE）では，現在時制で表していた。今日でも，ヨーロッパの多くの言語では現在形で未来を表すことができる。たとえば，ドイツ語でも，Ich gehe morgen.（あした行きます）のように言い，あいまいになるときだけ未来形（werde gehen）を使う傾向がある。スペイン語やイタリア語，ポルトガル語でも，動詞の活用による未来形がありながら，現在形が使われることが多い。

　現在の英語では，1，2人称の「未来」にも，shallの代わりにwillが使われるようになり，しかも上記の言語と比べると，その使用ぶりも律儀で一貫性があり，will＝未来時制という意識がすっかり出来上がった感がある。日本人の英語学習者のみならず，ネイティブスピーカーでもこのように思っている人は多いが，言語学者の中には異論が多い。比較的最近の代表的な文法書に限っても，Declerck (1991: 110) は，willを「未来時制」として認める一人であるのに対して，Quirk et al. (1985: 176-177) は，時制としては，動詞の屈折で示される「過去」と「現在」のみを認めているだけである。英語の百科事典であるCrystal (2003: 196, 224) は，動詞の語尾変化を根拠として，現在形と過去形の二つだけを時制と見なしている。日本では，重要な文献である安藤 (2005)，中右 (1994)，柏野 (1999)，Wada (2001) などはいずれもwill＝「（純粋）未来時制」という見方を否定し

ている。安井 (1996: 278) は，慎重な姿勢を示しながら，will/shall は未来を表す表現の中で最も「法性」(modality) が少ないので，時制の一部として認めてもよいのではないかと述べている。

5.2.2. 「未来時制」懐疑論

will =「未来時制」に対する懐疑論の根拠は，概略，次のようなものである。

1) 「未来」を表すには，ほかにも，法の助動詞 may などに加え，be going to, be about to などさまざまな表現があり，過去時制および現在時制と異なって，唯一無二の形ではない。
2) いわゆる「予定された未来」には，will を用いず，現在形で表すことも可能である。
   The game starts at six o'clock tomorrow.
   (試合は明日の6時開始だ)
3) 「未来を表す副詞節」では，次のように，通例，will は用いられない。
   What will you do, when you (*will) finish the school?
   (卒業したらどうするの？)
   Our trip will be canceled if it rains (*will rain) tomorrow.
   (明日雨が降ったら旅行は中止だ)

上記のうち，1) と 2) は従来からずいぶん指摘されてきたことなので，ここでは，3) の問題に絞って，その理由を探ってみよう。この問題を考えるに当たって，第2章で述べたように，

文というのは,論理的に見ると「真理関数」であるということが重要である。そうすると,文の要素はいずれも当該の文の真偽判定にあたって重要であることになるが,とりわけ,時の表現,その中でも時の副詞節は,主節に述べられていることが実現するための「真理条件」として重要な役割を持つ。すなわち,if に導かれる条件節だけでなく,未来を表す副詞節というものは,ある「想定」を表し,その想定が,いわば主節を述べるための土台となる。想定とは,どのような内容であれ,一つの「命題」として据えられるものであるから,それ自体は「かもしれない」や「だろう」などの陳述を和らげる表現によって修飾されることはない。比喩的に言うなら,仮設住宅ではあっても,土台がぐらつくようなら建物が傾くことになるので,しっかり固まっていなければならないようなものである。

逆に言うと,未来の副詞節に will が用いられないという事実は,英語の「未来時制 will」が陳述緩和を表す法の助動詞としての性格を留めていることを物語っている。ただし,時の副詞節における will の使用には,次の節に述べるような「例外」がある。その主なものを見ておこう。

5.2.3. 時の副詞節内での will

第一の「例外」は,will が「意志」を表す法助動詞である場合である。

(1) a. If he *will* go swimming in dangerous waters, he will drown. (Comrie (1985: 48))
(もし彼が危険な荒海に泳ぎに行こうとするなら,おぼれることになる)

b. If you *will* get drunk every night, it's not surprising you feel ill. (Swan (1995: 260))
(毎晩飲んだくれているつもりなら, 具合が悪くなっても不思議じゃない)

この用法は, 「未来」を表す will とは区別して扱う必要がある。

第二のケースは, will が入ることによって「丁寧」な言い方になるという例である。

(2) a. I will come if it *will* be (of) any use to you.
(Jespersen (1931: 400))
(お役に立つようならまいります)

b. If your mother *will* fill in this form, I'll have her luggage taken up to her room. (Swan (1995: 259))
(お母様がこの用紙に記入して下されば [そう思いますが], お荷物は部屋まで運ばせます)

これらの will は「推量」を表し, (2a) の場合なら, 「現実に役に立つかどうか分からないが」というニュアンスが加味されて控えめな言い方になることによって, 「丁寧さ」がかもし出されていることになる。

次の「例外」は, Wekker (1976: 71) が, will を使ったほうが出来事の実現性がより高いことを表すとしているものである。

(3) a. If the lava comes down as far as this, it will be too late to evacuate these houses.
(溶岩がここまで流れてきたら, これらの家の人々を避難させても遅すぎるだろう)

b. If the lava *will* come down as far as this, we must

evacuate these houses immediately.
(溶岩がここまで流れてきそうなら,これらの家の人々を今すぐ避難させなくてはならない)

これは,if 節内の内容が,すでに予想されていて「脈絡的に既知」(contextually given) と言われる場合で,次の例も同様である。

(4) If he *will* go to China next year, then we should publish his book now. (Declerck (1984: 285))
(もし彼が来年中国に行きそうなら,彼の本はいま出版したほうがよい)

この will も,「推量」の法の助動詞として,いわば現実世界にパイプを通す働きをしており,「そういう事態がありえる」という評価を加えた上での発言ということになる。

次の例は,Close (1980) が,クリスマスの前に社会福祉センターのドアに貼られたポスターで見たとして挙げている例である。

(5) If you *will* be alone on Christmas Day, let us know now.

この文の will の性質は,Leech (1987: 65) の次のパラフレーズがはっきりと示している。

(5′) If you can predict now that you will be alone at Christmas ....
(クリスマスに一人ぼっちでいることが今から予想されるようなら...)

上記のような「例外」を除いて条件節での will の使用は避けられるが，be going to なら使用可能である。この表現には「推測」という叙法性はないからである。

(6) If you're *going to* go out in the rain, you'll get wet.
(Comrie (1985: 118))
(雨の中を外出しようとしているなら，濡れることになるよ)

古い時代の英語では，未来の時の副詞節は仮定法現在形で表現されていたが，他の言語でも同様のケースがある。ここでは，スペイン語の例を見ておこう。

(7) Cuando esto se *sepa* en la Bolsa, la baja se convertirá en una caída vertical.
(このことが証券市場に知れたら，値下がりは大暴落になるでしょう) (寺崎 (1998: 191))

この文で，主節の動詞 convertirá は convertir（変える）の未来形（3人称単数），従属節の sepa は saber（知る）の「接続法現在形」である。なお，「接続法」というのは，想定や仮定などを表す文法形式である。ここに，未来を表す「時の副詞節」が「想定」という心の世界を表すものであることを明確な形で見ることができる。

5.2.4. 未来時制と「時の一致」

Comrie (1985: 104-121) は，未来時制の「時制の一致」の問題をいろいろな言語の間接話法で検証したあと，英語についても考察している。たとえば，未来において John が "I'm singing." と発言するという状況を想定してみよう。これを「間接話法」に

すると，(a) John will say that he is singing. となって，that 節の動詞は現在形のままであり，(b) *John will say that he will be singing. にはならない。(b) も形としては問題ないが，ここで念頭に置いている状況とは意味が変わってしまう。そこで，Comrie の結論は，英語の場合，未来に関する「時制の一致」は起こらないというものである。しかし，これは，むしろ，will の法助動詞としての性格によると考えるのがよいと思われる。法助動詞は，あくまでも発話者の心的態度を示すものであるが，上の文で「（自分は）歌っている」というのは John のことばであり，話者はそれを伝えているにすぎない。したがって，単に時間の問題として見ると，主節の John will say と that 節内の he is singing の間にはジレンマがあるが，法助動詞を含まない (a) が求めるべき形ということになる。この事実も，will は純粋な「未来時制」ではなく，話者の推測を表す法助動詞としての性格を留めていることを物語っていることになる。

また，上記の文のように，he is singing という現在形で「未来」の状況を表すことができるという事実は，古代英語がそうであったように，もともと現在時制で未来を表すことができるという英語の性質を映しているものと言えるだろう。

5.2.5. 作り上げられた未来時制 will

英語で未来時制を表すとされる will だが，過去時制および現在時制とは成り立ちや働きが異なるということを見てきた。古い時代の英語には，未来時制と言われるものがなかったことも述べたとおりである。Crystal（2003: 196）は，言語事実としては英語に未来時制がないことは異論の余地がないが，一般常識としては，will は未来時制を表すという意識が根強いと述べている。で

は，このような意識はいったいどのようにしてできあがったのだろうか。

5.2.5.1. ラテン語文法書の影響

英文法史上，時制がどのように扱われてきたかを通観している原田 (1977) によると，英語の最初の英文法の一つとされている William Bullokar: *Booke at Large* (1580) では，すでに，shall/will が「未来時制」として記載されている。しかし，当時の英文法書は，本文自体がラテン語で書かれているものもあるぐらいで，文法用語や概念もラテン語からの受け売りであった。「未来時制」という文法項目も，もともと未来時制を持つラテン語の文法書にならって設けたものであり，そこに，たまたま「未来」を表すために用いられることの多かった shall/will を当てはめたというわけである。すなわち，英語の言語事実を客観的に観察して，それを英文法としてまとめたわけではなかったということである。このように，ラテン語のバイアスがかかったのも，ラテン語という古典は権威のあるもので，学術分野における影響力も大きかったということだろう。

5.2.5.2. 産業革命と時間意識の覚醒

初期の英文法書に話を戻すと，それらは，専門家や知識人を対象としたものであるから，時制の概念も，一般に流布するには至っていない。それが人々の中に浸透することになったきっかけは，イギリスで 1760 年代から 1830 年代にかけて起こったとされる「産業革命」に端を発する近代工業化の波であったと考えられる。

そのような時代変化に伴って重要になるのは，時間意識であ

る。工場労働においては，労働時間や賃金などとの関連で労働者の時間管理が求められる。国は異なるが，米国のベンジャミン・フランクリン（Benjamin Franklin, 1706-90）の「時は金なり」（Time is money）という有名な「格言」は，「時間は貴重なもの」というようないわば観念的で哲学的な意味ではなく，アメリカ独立宣言起草や雷の実験で知られる万能の才人であるフランクリンの実業家としての顔が現れたもので，文字通りに時間と賃金や利子など貨幣価値の関係を述べたものであるという。

　時間意識の覚醒に関わるもう一つの出来事として，アイザック・ニュートン（Isaac Newton, 1642-1727）による物理学の成立がある。運動の法則など，物理学にとって欠かせない概念である時間は，過去から現在を通って未来に向かう「時間の矢」（time arrow）としてのイメージを与えられた。このような科学的な時間のイメージと工業化社会における実利的な要請を背景として，次第に時間の観念が社会に浸透してゆく。英語という言語の啓蒙や教育の面では，英語の「時制体系」という概念である。上記のような過去→現在→未来という「時間の矢」のイメージをもとに，過去形および現在形と並んで，shall/will が「未来時制」として位置づけられ，「正しい英語」のお手本を示す「規範文法書」（prescriptive grammar）に記される。

5.2.5.3. 上流志向と言語意識

　「産業革命」は，アイルランドなどの地方や農村部から工業地帯や都市部への人口流入を招き，貧困，衛生，児童労働などさまざまな社会的問題も引き起こしたが，成功者は新興勢力として経済力を手に入れた。富を手に入れたら，次はなにを求めるかと言えば，それは社会的地位ということになるのが世の常だろう。当

時のイギリスは，言わずと知れた階級社会である。松岡（編）(2010: 6) によると，「中流階級」(middle class) という語が初めて使われたのは1790年代とのことだが，経済的成功者は，1830年代からのヴィクトリア時代にかけて「ブルジョア階級」として勢力を伸ばしてゆく。いわゆる成り上がり者は，身なりや馬車などの持ち物，あるいは「3人以上の女中」などを上流階級のステータスシンボルと考えてまねを始める。同時代の作家サッカレー (William M. Thackeray, 1811-1863) が『俗物の書』(*The Book of Snobs*, 1846) や『虚栄の市』(*Vanity Fair*, 1847-48) で描いている「俗物根性」(snobbery) である。

　ステータスシンボルにはことば遣いも含まれる。英語は，地域方言だけでなく，Cockney（ロンドン下町訛り）のような階級方言も際だっているが，社会的地位を手に入れるためには，「正しいことば遣い」を身につけなければならない。その意識は，ブロードウェイのヒットミュージカルから，のちに映画化された *My Fair Lady* (1964) にも見ることができる。この中で，音声学者のヒギンズ教授 (Professor Higgins) は，ロンドンのコベントガーデンでCockneyの聞き取り調査をしながら，花売り娘のイライザ (Eliza) に向かってことばの「汚さ」をののしり，ちゃんとしたことばが話せるなら，もっといい職業に就くことだってできるとぶちあげる。

5.2.5.4. 文法書のヒット

　Crystal (2003: 78-79) によれば，1750年から1800年の間に，200を越える文法書やことばの作法に関する本が出版されたとのことだが，代表的なのは聖職者のラウス (Robert Lowth) の *Short Introduction to English Grammar* (1762) と，それに

倣ったマリー (Lindley Murray) の *English Grammar* (1794) である。マリーはアメリカ生まれではあるが、イギリスに隠遁していたところ、たまたま教会関係者の依頼によって女学校用の文法書を書くことになったという。法律家のマリーは、敬虔なクエーカー教徒であったという点で聖職者のラウスにも通じるところがあったと思われるが、法学やキリスト教の規律や理性を重んじる精神に裏打ちされた実直そうなテキストである。1971年の日本での復刻版を見ると、本文は400ページ弱で、綴りから文法（統語論）、音声の問題まで含む。それぞれの項目の解説ごとに、Rule と記されているのがいかにも「規範文法」らしい。時制の中に「未来」(future) もしっかりと記され、shall ないし will を使うとして、動詞の活用表も記載されている。

副題の "adopted to the different classes of learners"（さまざまな階級の学習者用）が示すように、万人向けを意識して書かれたこの本は、「英文法のお手本」として、イギリスに続いて工業化の波が押し寄せた「移民の国」アメリカの教育界でも歓迎され、延べ2,000万部とも言われる大ベストセラーとなったという（大塚・中島（監修）(1982: 380)）。

Crystal (2003: 78) によると、ラテン語文法の色合いもにじむこれらの文法書は、英語の実態を映しておらず、誤りや独断が多いとして強い批判にもさらされたが、ともかく、このようにして、ネイティブスピーカーを含む英語学習者の頭の中に、will (shall) ＝未来時制という観念も擦り込まれていったのである。

Hewson (2012: 531) によると、ロシア語でも、時制に対する意識形成には教育現場の影響が大きい。ロシア語における「未来」は、本来、on napisat (he will write) のように完了の意味を持つアスペクトによって表されるが、on budet pisat (he will be writing) のような未完了アスペクトの「複合未来」を未来時制と考えるのが社会通念となっており，学校でも，本来は正統な未来表現であって形も単純な上記の完了未来を教える前に，これを正式な未来時制として教えているという。

5.3. 時間の近代化と疎外

上記のように，産業革命などの社会変革によって，いわゆる「近代的な時間観念」が生まれたわけであるが，余談的に，これについてのエピソードを記しておくことにする。

内山 (1993: 63) のことばでは，「時計によって客観化された，直線的な不可逆的な時間」である定量的で画一的で固定的な時間は，私たち現代の日本人の意識も縛る。たとえば，現代の日本の母親が子どもを叱ることばで最も多いのが，「早くしなさい」というたぐいだという調査を新聞かなにかで読んだことがある。2005 年に 107 人の犠牲者を出した JR 福知山線の脱線事故も，1分 30 秒の遅れを取り戻すために規定速度以上で走ったせいだと言われている。

「時間的疎外」という「現代病」が，文学などに取り上げられることも少なくない。たとえば，カーン (1993: 21) が指摘しているように，カフカ (Franz Kafka) の『変身』(1915) で，ある朝に目覚めると自分が虫に変身していることに気づいたザムザの頭に浮かんだのが「これでは通勤電車に遅れる」という思いであるというのは，きわめて象徴的である。同じく『審判』(1927) では，不条理な裁判の被告となったヨーゼフ・K が時間通りに出廷すると，そこにはだれもいないという場面がある。これを我が身に置き換えたら，世間や現実からの乖離に伴う底知れない孤

立感と不安に背筋が寒くなる思いがする。この状況は,「時が失われれば,経験は統一性を失って崩壊し,したがって自己と世界との関わりも解体する」という中埜(1976: 28)のことばに集約されるだろう。

さらに思いつくままに挙げると,ずっと時代は下るが,ミヒャエル・エンデ(Michael Ende)の『モモ』(*Momo*, 1973)も時間を扱った代表的な作品だろう。そこに登場する「時間貯蓄銀行」と「時間泥棒」は,時間に追われる人々と資本主義経済システムの本質を描いて示唆的である。

工業化による時間管理の強化は,資本主義の旗手であるアメリカでも顕著だった。たとえば,机の引き出しの開閉や工具の取り出しなどにかかる時間をストップウォッチで計測してまで標準時間を定め,作業の効率化を図ろうとしたテイラー(Frederick Taylor)の「科学的管理法」はその極端な例である。自動車王として知られるフォード(Henry Ford)のもう一つの重要な発明は,組み立て中の車が動かせることを利用した「流れ作業」による作業時間の短縮である。ベルトコンベアの導入とその速度調整による労働者の支配は,チャップリン(Charles Chaplin)の名作映画『モダン・タイムズ』(*Modern Times*, 1936)に皮肉とユーモアたっぷりに描かれている。

5.4. アメリカ合衆国の時間事情

余談ついでに,オマリー(O'Malley)(1994)に基づいて,アメリカ合衆国の時間意識について見ておこう。もともとピューリタニズムには,勤勉によって「時をあがなう」(improve: より良いものにする)という強迫観念にも似た思想があったという

(オマリー (1994: 13))。時間は神からの最古の授かり物であるために，粗末に扱うことは重大な背信にあたる。合衆国の黎明期に爆発的に普及したアルマナック (almanac)，それは農事暦や生活歴であると同時に，神の摂理である時間を正しく扱うためのマニュアルでもあった。アルマナックの売れ行きにも匹敵する19世紀前半のベストセラー，リディア・チャイルド (Lydia M. Child) の *The American Frugal Housewife* (『アメリカのつましい主婦』1835)，キャサリン・ビーチャー (Catherine E. Beecher) の *A Treatise on Domestic Economy* (『家政論』1841) などの家庭経営書では，家庭の時間を正しく管理する女性が「貞女」であると見なされた。このような信条や生きざまには，直線上に流れる「不可逆的な時間」の意識に生きる人々の一種ヒステリックな姿さえ見てとれる。

「正しい生活」の指針として，また，コミュニティーのシンボルとして，各地に時計台が建てられる。当初，これらの時計は，多かれ少なかれ土地ごとの生活リズムを刻むものであったが，やがて，ローカルな鉄道路線を繋ぎ合わせて大陸横断の列車ダイヤを組むという実用的な要請により，各地のまちまちな時刻を統一し標準時を設定する必要が生じる。「国民という新しい概念を発生させることによって生まれた近代国民国家は，国民の時間世界を統一し，そのことによって合理的な国家運営を可能にすることによって成立したのではないだろうか」と内山 (1993: 188) が述べているように，この難事業はまた，合衆国の統一国家としての体裁を整える上で大きな意味があったに違いない。なお，アメリカの四つのタイムゾーンの区切りが一直線でなくかなりのデコボコがあるのは，コミュニティーとしてのまとまりにも配慮した結果である。

ついでながら，日本でも，古くは松本の開智小学校，大学では東大や早稲田など，時計台があったり正面玄関上に立派な時計を掲げたりする学校が少なくない。これも，実用というより，時間が教育や規律にとって重要視されたシンボル的な意味があるのだろう。ちなみに，筆者のかつての勤務校で，学生自治会が時計台を要求したことがある。その結果建てられたのは，鉄製のポールの先になんの飾り気もない電波時計が乗っただけのものだった。学生たちが，これに対してどのように反応したかは定かでない。

第6章　過去という時間領域の性質

6.1. とりあげる問題

　「過去」と「未来」は，単に時間の流れだけで考えると，「現在」をはさんで対称的な関係になるが，性格まで対称的とは言えず，「現在」との関わり方も言語によって大きく異なる。その問題は第12章で「過去」と「未来」を比較しながら論じることにして，ここでは，過去の表し方の言語差を概観したあと，個別事例として，次の二つの言語の過去時制を取り上げることにする。第一に英語について。その過去時制には「仮定」を表す用法がある。そこから，英語の過去時制の特色を探る。第二にスペイン語の過去時制について。スペイン語には，二つの過去時制がある。その二つの性格はどのように異なるのだろうか，また，そもそもなぜ2種類の過去があるのだろうか。

　これら二つの言語を取り上げるのは，同じヨーロッパの言語でも「過去」の捉え方はさまざまであり，そこにはそれぞれ特有の見方が投影されていることを観察するためである。時制は決して単純なシステムではない。

6.2. 過去の文法的表し方

　最初に,いくつかの言語を例にとって,「過去」の表し方を見ておくことにする。後述するように,過去時制を持たない言語もあるが,世界のいろいろな言語の時制体系を比較している Dahl (1987: 116) によると,「過去」は,時制として議論の余地のない唯一の範疇であるという。また,形の上でも,圧倒的多数の言語で,動詞の屈折などの形態（morphology）で表されるという。1.3.3 節で,時制やアスペクトでは,その言語にとって中心的なものほど,助動詞などを使った迂言的な形ではなく形態的に表される傾向があると述べた。したがって,このことも「過去」が最も基本的な時制の一つであること示していると言える。

　過去は動詞の屈折で表されるのが通例だということから,Dahl (1987: 187) は,動詞活用のない言語には過去時制もないはずだと予想する。結果は予想通りであるという。たとえば,たしかに,動詞屈折を持たない中国語には過去時制はない。ただし,これも前に述べたように,代わりに「完了形」を使って同じ効果を得ている。また,第 3 章 2 節で見たフランス語の「複合過去」という,本来は現在完了であったものが,今は過去時制の主役を担っている。イタリア語も同様である。このように,「完了形」ないし「完了相」で過去の出来事を表す言語もある。

　過去の表し方にはほかにもあって,動詞を用いる場合もある。たとえば,フランス語では venir（「来る」）+ 不定詞の形で,完了に似た「近い過去」を表すし,ポルトガル語やスペイン語では,acabar（「終える」）+ de + 不定詞でやはり「…したばかりだ」という意味を表す。

(1) a. Je *viens* d'arriver. ［フランス語］
   (I have just arrived.)
   b. *Acabo* de chegar. ［ポルトガル語］
   (I have just arrived.)
   c. *Acabamos* de llegar. ［スペイン語］
   (We have just arrived.)

「未来」と同様に「過去」の場合も，過去時制という文法形式と過去という意味内容は分けて考える必要があることに注意しなければならない。

6.3. 英語の過去時制

「現在」とは，ひとことで言えば，いろいろな出来事が新たに起きるダイナミズムをはらんだ時間である。第2章1節でオースティンの「遂行文」について述べたが，「謝罪する」「約束する」「命名する」などの動詞によって表される「発話の力」は，それらの動詞が現在形である場合にだけ発揮されるという特色がある。

(2) a. I *promise* to keep the secret.
   （秘密は守ると約束します）
   b. I *promised* to keep the secret.
   （秘密は守ると約束した）

(2a)には，たとえば「指切り」のような動作を現にしているような趣があるが，過去形の(2b)は，約束したという事実を報告しているにすぎない。

第 6 章　過去という時間領域の性質　　103

現在とは，単に時間的な区切りを表すものではなく，話し手や聞き手のいる「時空間」としての「世界」を表すものである。対照的に，英語における過去は，現在から隔絶して，もはや手が届かないという意識に染まった時空間である。

6.3.1.　遠い世界としての過去と仮定

　英語の過去時制には，かつての仮定法に代わって，仮想の世界を表す用法がある。英語の本来の仮定法は，現在では，be 動詞の 1 人称・3 人称単数で使われる were に名残を留めるだけで，その were も，とくにアメリカ英語では，しばしば was で表されるようになってきており，過去形が仮定法の役割を引き継いだと言ってよい。なお，この用法では時間を表すわけでないので，未来を意味する tomorrow とも矛盾なく共起できる。

　　(3)　If John *came* tomorrow, I'd be really happy.
　　　　（もし明日ジョンが来たら，ほんとうにうれしいだろう）

過去とは，現在から見たら「遠ざかった世界」であるわけだが，仮定は現実から見て「遠い世界」であり，両者は意識の上で結びついても不思議はない。二つを合わせて考えると，英語の過去形は「隔たり」や「遠さ」(remoteness) を表すもので，まとめて，「遠く隔てられた世界」を表すという見方ができる。すなわち，過去は現在から時間的に遠く，仮想世界は現実から遠い。

6.3.2.　丁寧を表す用法

　過去形に「丁寧さ」や「婉曲」を表す用法がある。これは，「態度の過去」(attitudinal past) と呼ばれる (Quirk et al. (1985: 203))。これも，相手と距離を置いて相手の領分に踏み込まないという意

味で，上記の「遠さ」を基盤に成り立っているものである。日本語では，丁寧さは「差し上げる」「...して下さる」のように，上下関係で表すが，英語では水平的な「距離」で表すと言えるだろう。

(4) *Could* you please help me?
 (手を貸していただけませんか)
 cf. *Can* you please help me?

(5) a. What *was* the topic of your paper?
 (レポートの課題はなんだっけ)
 b. What *was* your name again?
 (お名前はなんでしたっけ)

(5) はどちらも Radden and Dirven (2007: 210) が挙げている例だが，(5a) は，たとえば，レポートを提出していない学生に対して，過去に課題を出したことを思い出させながら，やんわりとたしなめているという状況だという。また，(5b) も決して「昔の名前」を尋ねているわけではない。

「丁寧表現」を表す過去形は，とりわけ，第4章で扱った進行形で用いると，いっそう丁寧さの度合いが増す。

(6) a. I was wondering if you could help me.
 (手を貸していただけないものでしょうか)
 b. I was hoping you would give me some advice.
 (なにかアドバイスをいただければと思っていたんですが)
 (Quirk et al. (1985: 203))

これは，進行形の一時的な状態を表すという性質と過去形の隔たりを表すという性質の相乗効果によるものである。また，進行形

は，出来事自体を直接に表すのではなく，その出来事によって特色づけられた「時間」を表すというのが本書の主張であった。上の例の場合は，自分の意思から身を引いている感じが加わって，「…とちょっと思ったときがあったんですが（だめでもいいんです）」というきわめて控えめな含みが生じることになる。

6.4. スペイン語の二つの過去時制

6.4.1. 「点」と「線」

　スペイン語学習者なら最初に教わる事項の一つが，過去時制が二つあるということである。「完了過去形」(pretérito perfecto)（または単純過去）と「未完了過去」(pretérito imperfecto) と言われるもので，たとえば，「それは昔のことだった」という意味を表すのに，be 動詞に当たる ser の活用形の違いによって，次の二つの表現が可能である。

(7) a.　Eso *fue* antes.　［完了過去］
　　 b.　Eso *era* antes.　［未完了過去］

どちらも，発話時点（いま）よりも前に出来事が起こったことを示すものだが，完了過去は，出来事を完結したひとまとまりのものとして提示するところに特色があるとされる。

(8)　Arturo leyó *Guerra y pas* el mes pasado.
　　（アルトゥロは先月『戦争と平和』を読んだ）

この場合，全編を読み終えたかどうかはともかくとして，「読んだ」という行為を一つの事実として伝えている。ここには，読み始めも読み終わりも暗黙のうちに含まれていることになる。

一方,「未完了過去」は,出来事の始まりも終わりも問題とされず,ただその内部に目を向け,その経過だけを切り取って表現したものだとされる。

(9) a. Antes *trabajaba* en la compañía.
   (前にその会社で働いていた)
   b. El libro *costaba* siete euros.
   (その本は7ユーロしていた)
   c. Como no *tenía* tiempo, cogí un taxi.
   (時間がなかったのでタクシーをつかまえた)

この時制は,出来事の終結をとくに含意しないという意味で「未完了」と呼ばれるわけである。出来事の内部的視点ということは,第1章3.2節で述べた「アスペクト」の特性を思わせる。実際,Real Academia Española (2010: 443)(王立スペイン語アカデミー:以下 *RAE* と表記)は,未完了過去とアスペクトとの関連はよく取りざたされると記している。

出来事を一つのまとまりとして表す「完了過去」に対して,「未完了過去」は,その展開過程を捉えていて広がっているイメージがあるため,日本の文法書では,それぞれ「点過去」「線過去」と呼ぶことが多い。二つの時制の対照的な性格を示す上で便利なネーミングだが,実際には,時間の長さは関係ない。

(10) a. Mi abuela *vivió* cien años.
   (私の祖母は100年生きた)[完了過去]
   b. El 22 de noviembre de 1963, Kennedy *moría* asesinado.
   (ケネディーは1963年11月22日に暗殺された)[未完了過

去］

c. *Eran* las cinco en punto de la tarde.
   (午後のちょうど5時だった)［未完了過去］

(清水 (1993: 177))

(10a) は「完了過去」(点過去) でありながら「100年」に渡る出来事を述べているし，(10b, c) の「未完了過去」(線過去) は，ともに，日や時刻という一時点を表している。

　二つの時制を比べると，未完了過去のほうが多彩で複雑な用法を持ち，性格もつかみにくい。そこで，以下，その特色を探ってゆくことにする。

6.4.2. 未完了過去の性格

RAE (2010) は，「完了過去」と区別して，「未完了過去」を「相対的時制」と見なしている。すなわち，次の例のように，ある出来事が別の出来事と結びつけられて記述されることが多いからである。

(11) Volvió a verlo al caer la tarde, Carlitos jugaba con su tren eléctrico y Flora canturreaba bagualas en la planta baja. (*RAE* (2010: 444))
(日暮れに帰ってみると，カルリトスは電車で遊んでおり，フローラは，一階でアルゼンチン民謡をハミングしていた)

この例では，カルリトスとフローラがそれぞれに行動していた時間が，いずれも「私」の帰宅時間によって決まるという意味で相対的に示されている。この点は，英語の進行形 When I came back, my children were sleeping. (帰宅したら子どもたちは眠っていた)

とよく似ている。

RAE（2010: 444）によると、このような相対的な性格のために、「共過去」(copreterito)、すなわち、ほかのことと共起する過去と呼ばれることもあるし、「過去の現在」と言われることもあるという。「過去の現在」とは、寺崎（1998: 32-34）によると、いわば「過去に移行した現在時制」であり、その時点で展開中の出来事をスナップ写真に撮ったような表し方をするからだという。ともかく、このように名称がいろいろあることにも、英語の進行形と似て、この時制の扱いのやっかいさが現れていると言えるだろう。

6.4.3. 英語の進行形との相違

上記のように、英語の進行形と似ている点があることはたしかだが、実際に比べてみると、相違点が見えてくる。それを確かめるにあたって、*RAE*（2010: 422）の次の文を見てみよう。

(12) a.　Clara *era*/*fue* de extracción humilde.
　　　　（クララは貧しい家柄の出身だった）
　　b.　El letrero lo *decía*/*dijo* bien claro.
　　　　（標識にそれはとてもはっきりと書いてあった）

RAE によると、これらの文では、いずれも「未完了過去形」(era, decía) のほうが「完了過去形」(fue, dijo) よりも好まれるが、この差は述部の性格によるもので、上記の例のように恒常的な性質を持つ場合は、未完了過去形が望ましいという。これを英語の進行形で表すと、*Clara was being from the humble birth. のように文法的でない文になってしまう。したがって、「未完了過去」は英語の過去進行形とは異なることになる。英語

の進行形は,第4章で述べたように,一時的状態を表すという性質があるが,ここに「未完了過去」との違いがある。なお,スペイン語にも,英語の be 動詞にあたる estar を使って,進行形は別にあることを断っておく。

(13) Juan *está mirando* el jardín como fascinado.
(ファンはうっとりとしたように庭を眺めている)

6.4.4. 未完了過去の派生的な用法

英語の過去時制は,非現実(irrealis)と結びつくことを述べたが,スペイン語の場合は,未完了過去にその性質が顕著である。すなわち,「非現実的(inactual)平面」として,英語と同様に,現実からの「遠さ,距離」を表すことができる(*RAE* (2010: 444-445))。それは話者の心の世界であるから,いろいろな叙法的な用法が派生してくることになる。以下,その主なものを挙げておくことにする。

[A] 「夢の未完了」(imperfecto onírico):夢見たことや空想したことを描く。

(14) Helena soñó que *cocinaba* en una olla que tenía el fondo roto.   (*RAE* (2010: 445))
(エレナは底が壊れた鍋で調理した夢を見た)

空想としては,子どもの「ごっこ遊び」がある。

(15) Yo *era* el policía, y vosotros los ladrones.
(ぼくはお巡りさんで君たちは泥棒だ)   (寺崎(1998: 34))

これらはまさしく「仮想世界」を表す用法であると言える。

[B] 「礼儀の未完了過去」(imperfecto de cortesía)：断言や命令を和らげる。

(16) *Venía* a pedirte un consejo. (*RAE* (2010: 445))
(君にアドバイスをもらいたくて来たんだが)

これも，英語の過去形と共通する。

[C] 「引用の未完了過去」(imperfecto de cita)：だれか他人からの情報のような言い方をしてことばの責任やきつさを和らげる。

(17) a. ¿Tú *jugabas* al fútbol, no es cierto?
(サッカーをするってほんと？)
b. ¿Cómo te *llamabas*? (*RAE* (2010: 445))
(名前はなんだっけ)

これも，6.3.2節で挙げた英語の例と同様に，「丁寧」を表す用法の一種であると言える。

[D] 「挫折した出来事」(hechos frustrados)：予定されていたが実現しなかった事態を表す。

(18) Mi hermano *llegaba* ayer/hoy/mañana, pero algunos problemas de salud le han obligado a posponer el viaje. (*RAE* (2010: 446))
(弟は昨日／今日／明日着くことになっていたが，健康上の問題で旅を延期せざるをえなくなった)

叙法的色彩の強い用法は上記のケースのほかにもいろいろある。さらに，「未完了過去」は，por mucho que ...（どんなに ...

しても), con tal de que ...（...でさえあれば）などの定型表現に導かれる「譲歩節」や「条件節」でも用いられる。

このように幅広く用いられるが，いずれも，「過去」＝「現実と離れた世界」ということに関係していると思われる。ここで逆に問題になるのは，このような叙法的な用法はすべて「未完了過去」の専売特許であり，「完了過去」にはこのような用法がないが，それはなぜかということである。両者のこの性格の違いについては，次節で考えることにする。

ついでながら，スペイン語でも英語でも，actual という語は，ともにラテン語に由来するものであるが，「現実の (real)」と「現在の (present)」という二つの意味があることも付記しておきたい。つまり，少なくともことばの上では，現実と現在とは重なっているということである。

6.4.5. 過去を表す二つのモード

それでは，「完了過去」と「未完了過去」の違いは両者のどのような特質によって生じるのだろうか。また，そもそもなぜ二つの過去形があるのだろうか。

この問題を考えるに当たってヒントになるのは，Mansilla (2006: 248-250) の指摘である。それによると，未完了過去は，主に，以前の世界 (mundo) の特質・属性ないしその構造・成り立ちを記述する。一方，単純過去（完了過去）は，過去の時間領域に含まれる出来事の報告 (relato) を行うものである。

素朴に考えると，私たち人間は，過去の出来事を眺めるにあたって，大きく分けて2通りのアプローチが可能なのではなかろうか。一つは，現在と同じ現実世界の出来事だが，時間的には遡ったものとして眺める見方。もう一つは，過去を，現在（＝現

実)の世界とは隔たった別の世界と捉えた上で,出来事はその世界の中のものとして眺めることである。スペイン語の2種類の過去時制は,この二つの過去の見方を反映したものではないかというのが本書の主張である。すなわち,「完了過去」は第一の見方に対応するもので,出来事に対して純粋な「直示性」(deixis)を持ち,現実の時間軸上で過去の時点にある出来事を直接的に指し示す機能を担うものではなかろうか。上記のように,完了過去に叙法的な用法がないのは,過去は現在とつながった「現実世界」の延長であり,「心の中の世界」とは見なされないからである。

他方,「未完了過去」は,上記の第二の見方に相当するもので,Mansillaの言うように,過去という「世界」を表すものである。そうすると,その「世界」は,現在＝現実(actualidad)とは異なる「心的世界」(記憶の世界)であることになり,英語の過去時制が表す「遠い世界」と同じように,いろいろな叙法的オーラを帯びる可能性があることになる。

「未完了過去」は,上記のように,英語の過去進行形に似たところが大きいが,(12a)の用法に見られるように,実際は異なる性格を持つ。これは,英語の進行形が第4章4.2節で述べたように「時間の断片」を表すものであり,現在形でも過去形でも使われるのに対して,スペイン語の未完了過去のほうは,初めから「過去という世界」を表すものだからである。

なお,従来の文法書では,「未完了過去」は,「完了過去」とともに直説法に属するものとして扱われているが,上記のような性格を踏まえると,直説法とは区別した方がよいのではないかと考えられる。スペイン語の動詞の活用には,直説法のほかに「命令(法)」および「接続法」がある。「接続法」というのは,従属節

をとる動詞など，ほかの要素につなげて用いられるという統語的な特徴に基づくネーミングであり，未完了過去は独立した文として用いられるという点で「接続法」とは呼べないが，意味機能上は，上記のように別の時点（出来事）に「相対的」に用いられる点で「接続性」があると言える。また，動詞の屈折のパラダイムも，1人称単数と3人称単数が同じ形になるという点で，まさに接続法の場合と並行的であるという事実も考慮されてよいのではなかろうか。

これも，文法的レッテルと意味的な働きとは必ずしも一致しないことを示すケースであり，文法的な分類や範疇化が困難な作業であることを物語る事例の一つだろう。

なお，スペイン語の「未完了過去」ときわめてよく似た性質がフランス語の「半過去」（imparfait）にも見られる。

(19) a. Hier, il *neigeait* vers midi.
 (昨日のお昼ごろ，雪が降っていた）[半過去]
 b. Hier, il *a neigé* vers midi.
 (昨日のお昼ごろ，雪が降った）[複合過去]

(以上，篠田 (1992: 140-141))

「半過去」にも，「未完了過去」と同様に，仮定を含めてさまざまなモダリティー用法がある（大橋ほか (1993: 163-165)）。

(20) a. Si j'*étais* jeune comme toi, je changerais tout de suite de métier
 (もし君ぐらい若ければ，すぐに職を換えるのだが）[仮定]
 b. Je *voulais* vous demander quelque chose.
 (ちょっとお願いがあるんですが）[丁寧]

大橋ほか (1993) によれば半過去も「過去の世界」を表すものであり, そうすると,「心の世界」を表す用法を持つのも自然であることになる。

スペイン語にもフランス語にも似た性質の時制があることは,「未完了過去」も「半過去」もともにラテン語で反復や継続を表した「未完了過去」に由来することを思えば当然だろう。ただし, 第3章2節で述べたように, フランス語（とくに口語）では, 本来の「単純過去」の代わりに現在完了から転じた「複合過去形」が使われるようになってきた。一方, スペイン語の「未完了過去」と同様に,「半過去」のほうは, むしろモダリティ用法を発達させながら生き延びてきたということは, 英語の過去時制もそうなったように,「過去」＝別世界としての意識が根づいてきたからではないだろうか。

ついでながら, 上記以外の言語でも, 過去形が過去でないことを表すことがある。たとえば, スウェーデン語では, 過去形を現在の驚きなどを表すために使うなど, 感情的なニュアンス (affective connotations) を伝えることがある (Comrie (1985: 20))。

(21) Detta *smakte* godt. ["This tasted good."]
    （これはおいしい）

また, ドイツ語でも, ウェイターが料理を運んできて, 次のように言うことがあるという。

(22) Wer *bekam* die Gulaschsuppe? ["Who received the goulash soup?"]　　(Comrie (1985: 20))
    （グーラッシュ＝シチューはどなたでしたか）

このドイツ語の過去形は, 丁寧な確認を表す (5) の英語の例に

通じるし，この文の和訳や「ご注文はよろしかったでしょうか」に見られる日本語の「た」の用法にも通じるところがある。さらに，ロシア語では，Ja pošel（もう行かなくちゃ）("I went.")のように差し迫った未来に使う場合もある。これは，出かける予定が確定しているという意味で「既定の事実」のようなニュアンスを伝えているのだろう。英語に話を戻せば，"You went to bed now."（もう寝る時間だよ）という習慣を表す用法もあるが，これは，これまでいつもそうしていたということを踏まえて過去形が使われていると言われる。このように，「過去形」には，「仮定」や「丁寧」以外にも，いろいろな周辺的ないし派生的な用法がある。

第7章 「た」と日本語の時間意識

7.1. 過去を表すだけでない「た」

　歴史をひもとくと，藤井（2010）が述べているように，奈良時代の日本語には，「過去」を表すのに，「き・けり・ぬ・つ・たり・り」のように，意味と用法の異なる多数の助動詞があった。このうち，ほかの助動詞は次々と消え去り，室町時代後期には，「たり」の転じた「た」一語だけが残るようになったという（山口（1977: 116-117））。

　上記の助動詞の実際の用法に目を向けると，いずれも，もともと単純素朴に「過去」を表すと考えることには問題があることが分かる。たとえば，竹内（1977: 37）は，次のように分類している。

- つ，**たり**，ぬ，り：成り行き・存在・決着を表す。
- けり：現時点での状況判断を表す。
- き：記憶・回想を表す。

これを見ると，どこにも「過去」という記述はない。このうち，

現代語の「た」の起源とされる「たり」に特有の用法は，(1) 動詞の動作・作用が継続しているか，または，(2) 動作・作用の結果が存続していることを示すものだとされている（竹内 (1977: 54)）。

山口 (1977: 133) によると，室町時代の「た」も，動作が確認されたことを表すもので,「過去」を表すものではなかった。また，この用法は現代日本語でも同じであり，過去の出来事に限らず，現在にも未来にも使われるのはこのためだとしている。たとえば，「昨日は寒かった」のような「過去」を表す以外に，「あ，今日は友達との約束があった」のような現在の気づきや，「来年，新しい税法が施行されたら」のように未来の想定や条件を表すこともできる。ほかには，「お名前はなんでしたか」や「早く行ったほうがいい」などがある。

7.2.「た」の意味

上記の見解を踏まえてまとめると，「た」が表すものは，本来，「動作などの継続」，「結果の存続の確認」であり，要するに，話し手の意識の中で確定されているものとして捉えられる出来事であって，「過去」ではないことになる。

ちなみに，筆者の故郷である山形県村山地方には，とりわけ年配者の間に，次のような「た」の用法がある。

(1) a.（電話に出て）「はい，佐藤でした」
    b.（人の家を訪ねて）「はいっと（＝こんにちは），鈴木でした」

いわゆる標準語なら，たとえば，テレビ番組の終わりなどに，

「提供はトヨタでした」とか，「担当は吉田でした」のような使い方をするが，これでは，電話を切るときや帰っていくときに名乗るようなもので，「た」＝過去の標識と思っている人には奇異に感じられるだろう。けれども，この用法は，出現の結果として「現存」しているという認識を示す「た」の本来の機能を留めていると考えることができる。方言学の専門家によると，山形県に限らず，千葉県などでもこの言い方をする地方がある（あった）とのことで，ここには古い日本語の名残が見られると言えるだろう。

ついでながら，「た」が現在の状況を示すとしたら，過去のことについては，あいまいさを避けるために別の言い方が必要になる。その結果，「いた」に対して「いてあった」という言い方が青森西部から秋田県にかけて，また，その縮まった形の「いたった」という言い方が岩手，宮城，山形などに見られるという（真田（2002: 68））。たとえば，筆者の住む宮城県では「昔はこの辺りにもクマがいダった」のように言うのを聞いたことがある。

7.3. 失われた過去と固まった過去

英語の過去形は，第6章3.1節で述べたように，現在とは切り離されて，もはや入り込めず，変えることもできない世界を表すものである。「過去」は変えられないという意識は，私たち日本人も同じはずである。そうすると，「た」が「現存」を表すということと矛盾しないだろうか。この問題を考えるにあたって，俵万智『サラダ記念日』の次の歌を見てみよう。

> 思い出は
> ミックスベジタブルのよう
> けれど解凍してはいけない

　この歌では,「思い出」, すなわち「記憶の中の過去の出来事」は凍りついて固まったものとして描かれている。もちろん, これは比喩であり, 創作である。けれども, 本来の日本語における「過去」とは, 失われたというよりも,「化石」のように固まってしまって元に戻せないものとして意識されていたのではないだろうか。現実には「解凍」できないものとして。

　「た」で表される表現のうち,「明日雨が降ったら」のように想定なら取り消すこともできるし実現しないこともありうるが,「昨日雨が降った」のような現実の「過去」の出来事は事実として確定されたままで残ることになる。すなわち, 変えることはかなわない。このように考えれば, 私たちの「過去」に対する意識と「た」の本来の意味との間に矛盾は生じないと思われる。

　ひとまず上のように考えて比較するなら, 英語などの「過去」と日本語の「過去」との違いは, 前者は, すでに失われてしまった世界として, したがって, その中の出来事は取り戻せないものとして捉えられるのに対して, 日本語のほうは, 過去の出来事は確定されてしまって取り消せないものとなってしまっているということである。ちなみに, 英語では, Let bygones be bygones.（過ぎたことは過ぎたことに）のように, 時間を流れてゆくものと捉えた上で「過去」は通り過ぎたものと見なす表現がある。一方, 日本語のほうは,「今までのことは水に流そう」とか「なかったことにする」というように, 既存のものを破棄したり消し去ったりするような言い方をする。

ただし，上記の違いはあくまでも言語の仕組みの話であって，実際の人々の意識とは区別して考える必要があるし，まして，時間＝過去・現在・未来という概念を擦り込まれた現代人が，古代の人々と同じ意識であるはずはないだろう。第1章でも断ったし，第13章で再び論じるが，言語の特色から導かれる全体的・抽象的な性格づけと，その言語の使用者の具体的・個別的な認識の仕方とは区別しなければならない。事実，英語でも，過去がすでに消滅した時空間とはいえ記憶の中に留まっていれば，Let's forget it.（忘れましょう）や forgive and forget（許して忘れる）のように，既成事実をぬぐい去るイメージがあるし，日本語でも，過去は取り返しがつかないとか，取り戻せないという言い方はごくふつうである。

　なお，スペイン語でも，なにか約束や記念日などを思い出して，¿*Era* hoy?（今日だっけ？）のように「未完了過去形」で言うことができるし，フランス語でも，たとえば，人を探していて，Ah, tu *était* là.（あれ，そこにいたのか）のように「半過去」で表すことができる。もちろん，これらは本来れっきとした過去時制であり，日本語の「た」とは来歴も性格も異なるが，「心の中の世界」という点では両者には重なる部分があるからだと思われる。

7.4. 異なる見解

　「た」について，上記のように「過去の助動詞」ではないとする見解がある一方で，少なくとも現代日本語については強い異論もあり，代表的なところでは，金田一（1988b: 111-112）がその一人である。「た」は過去の助動詞としての地位を確立したものと考えて，「現在の気づき」などの「主観表現」は特別扱いす

べきだというのである。「た」には，「さあ，買っ**た**買っ**た**」や「さっさと帰っ**た**帰っ**た**」のように行為を促す用法もあり，これらは一種の慣用表現としていかにも例外的な感じがするが，金田一によれば，「気づき」も，これと同列に扱うべきものだということになる。

　言語は変化するものであり，それに応じて文法的な扱いや分類も変わってきて当然だから，この見解ももっともである。本書も，英語の will や進行形の用法変化に伴う文法的な見直しを提言したわけであるから，このような立場を認めないわけにはいかない。

　ついでながら，時制とは別に，「文法的な扱いの揺れ」を示す例を英語から挙げると，This diamond is *worth* a million dollars.（このダイヤは 100 万ドルの価値がある）のような文における worth がある。従来，「例外的に目的語をとる形容詞」とされることが多かったが，最近は前置詞とする立場もあり，辞書や文法書によっては，「目的語を常にとるので前置詞とも考えることができる」（『小学館ランダムハウス英和大辞典』第 2 版）のように付記しているものもある。

　日本語の「た」に話を戻すと，たとえば，「あ，探していた本がここにあっ**た**」に対して，「さっきまでここに本があっ**た**」と言えば，明らかに，もはや本はここには存在しない。同様に，「かつて，このあたりは雑木林だっ**た**」の場合も，今は林がないことを含意している。これらは「回想」という形でやはり「確認」を含んでいるとしても，明らかに，出来事は「過去」のものであり，一種の喪失感を伴う。そうすると，「気づき」や「出現」などの用法と「過去」の用法とはどのようにつながるのだろうか。

これについて、山口・秋本（編）（2001: 423）が参考になる。正確を期すために、関連する解説をそのまま引用する。

> 「た」の基本義を「過去」とする考えがある。「た」は文末に使われるときには、過去のことになり、文末の機能はその語の基本であるから、文末に使われることで過去になるのは、「た」の基本義がそれであるからとする。しかし、この文末で過去になるという機能は、次のように解釈できる。たとえば、「見た」といったとき、「た」と判断した基準の時間は話し手のいる「今」である。だから、話し手のいる今を基準にしてそれまでに「見る」ということがあったと確認するのが「た」であり、そうなると「見た」は過去のことにしかならない。

このように、同書では、あくまでも「確認」が「た」の本来の意味であるとしている。上の引用では、「それまでに見ることがあった」という部分、さらに絞り込むと「それまでに」という部分が「過去」としての解釈にとってのポイントである。そうすると、問題は、「それまでに」というのはどのようにして得られる情報なのかということになる。これについて記していない点で、上記の解説には釈然としないものが残る。

そこで、たとえば、「探していた本がここにあった」と「さっきまでここに本があった」を比較してみよう。両者の時間感覚の違いを引き起こすのは、「さっきまで」という副詞的な表現である。では、このような語句がない場合はどうだろうか。たとえばいまはすっかり宅地化している場所で「ここは森だった」と言えば、目の前の現状から「過去」についての話だと理解されることになる。そうすると、「た」が「過去」を表すというのは、文脈

や発話場面，さらには聞き手の知識などによることになり，ひとことで言えば，状況依存ということになる。

　山口・秋本（編）は，現在形である「去年，北海道では大雪が降っている」という文も「過去」を表すという事実を挙げて，「た」は過去の助動詞でないという主張の裏付けとしている。「ている」はあることがらが現実化したことを意味するものであり，この点は事実確認を表す「た」と同じだと言える。「た」が「てあり」から派生したことを考えれば両者の共通点も理解できる。なお，上の文から「去年」を取り去れば，いまの状況を意味することになるから，ここでも時の副詞が決定権を握っていることになる。このように見てくると，状況依存とか聞き手依存の言語だと評される日本語の特質が，「時」の問題にも顔を出していると言えるだろう。

　「た」に話を戻すと，「*昨日雨が降る」と言えないのは，すでに起きてしまって取り消しのきかないことに関しては「結果の気づき」ないし「事態確認」の標識「た」が不可欠だというふうに説明されることになる。

　結論として，「かつてこの山には城があった」というような純粋に「過去」と思われる「た」も，実は出来事自体の時間を表すものではなく，回想という形で話し手の現在の意識に上っているということを示すだけだということになるだろう。まとめると，「た」は，事態として成立してしまっているという認識を表すもので，当該の出来事が「いつ」起きたかということは問題にされない。この点で，時間そのものを客観的に過去か現在かと区別した上で，それに従って違う時制標識を使い分けなければならない英語などの言語とは決定的に異なることになる。「た」が主観的だというのはこの意味である。ある出来事が「成り立っている」

というとき，現実の出来事なら成立の時点は過去がふつうなので，結果的に，「過去」を表す用法が多くなるだけである。

「明日，天気がよかったら」のような「未来」を表す用法も，当該の事態を前提として「定位」しているわけである。また，「さあ，買った買った」のような慣習的な表現も，「買え・買いなさい」という命令や「買って下さい」に比べて，相手が買ってしまった状況を「定位」するという形で客の心理に働きかけている表現だろう。

なお，中埜 (1976: 163) は，「日本語の時制はヨーロッパの近代語に比較すると，その文化の程度が進んでいないのではなかろうかと思われる」と述べているが，それは「文化の程度」の問題ではなく，出来事の捉え方と表現の仕方の違いと言うべきだろう。

では，上記のように「ヨーロッパの近代語」などの時制とは異なる「た」の用法に映し出される日本人の時間意識とはどのようなものか，次のセクションでは，ちょっと寄り道して，この問題について考えてみたい。

7.5. 日本人の時間意識

日本人の時間意識を端的に示すものとして，大野 (1977: 11) の主張を引用する。

> 日本人は時間（とき）について，延長のある，区分できるものとは一般に考えてこなかったらしい。日本人にとって未来とは主観的な推量・推定の中にあり，過去とは記憶に確か，不確かかによってその存在の認識されるものであったと

思われる。

加藤（2007: 50）も，同じ趣旨のことを述べている。

　　日本語文法が反映しているのは，世界の時間的構造，過去・現在・未来に分割された時間軸上にすべての出来事を位置づける世界秩序ではなくて，話し手の出来事に対する反応，命題のたしからしさの程度（断定や推量），記憶の喚起，行為への意志，相手への誘いなどだ，ということになろう。

上の7.2節では，過去を表す助動詞とされている「た」も，本来は，推定や気づきを含め，もっぱら発話者の心の中で確定された事態を表すものであることを述べた。当然ながら，どの言語でも発話は話し手の心の発露であることには変わりがないが，過去・現在・未来などの「時制」のある言語では，出来事をその時間区分に合わせて表現しなければならない仕組みになっているのに対して，大野と加藤も述べているように，日本語の使用者にとっては，時制という，いわば共通の客観的な基準がない。本書の冒頭第1章1節で，「時」のことなんかまったく頭にないときでも，いちいち動詞の「時制」を考えて話さなければならないというクワイン（Quine）の嘆きを紹介した。日本語は，そのわずらわしさがなく，発話はもっぱら話し手の主観の投影であるという点で，心的態度の言語的現れである「法性」（modality）のひときわ強い言語であると言えるかもしれない。上でも述べたように，「主観性」が強い言語ということにもなる。

7.6. 日本における時間観念の成立

それでは、私たちの時間意識、とりわけ過去・現在・未来という時間イメージはどのようにして形成されてきたのであろうか。堂野前（2014: 2）によると、「時間」は、『古事記』が天皇の系譜を語り始めたとき、「時」を積み重ねることによって初めて作り出されたという。ここで、「時」というのは「点」であり、その点がつながったものが「時間」である。具体的には、出来事を時系列に添って並べたときに「時の流れ」、すなわち「時間」が出来上がる。時間は長さを持つものだから計測がつきものであるが、その「物差し」に当たるのが暦である。為政者にとって、ものの重さや長さを測る尺度を定めることが統治に欠かせないが、秤や物差しと並んで、暦や歴史も為政者によって作り出されたことになる。

もちろん、こうして人為的に作り出された、いわば官製の机上の時間が世の中にただちに浸透するわけでもないし、それに縛られることなく暮らす人々もいるわけである。では、そのような時間が作り出される以前の、あるいは、そのような時間とは無関係な一般の人々の時間観念はどのようなものであったのだろうか。いわば自然で素朴な時間意識ということになるが、これについては内山（1993）が参考になる。自分自身、東京から群馬県の山里に通って半農の暮らしをしている哲学者は、時計によって測られる画一的な近代的な時間と対比させて、「山里の時間」の意義を説いている。端的に言えば、この時間は、農作業などの生活の営みと季節変動の関係によって作られる人間主体の柔軟な時間である。この「山里の時間」をよく示しているのが、無着成恭の『山びこ学校』に収められた次の詩だろう。

夜

横戸チイ子

父と
兄が
山からかえってきて
どしっと
いろりにふごんで（踏み込んで）
わらじをときはじめると
夜です

　なお，暮らしのリズムに根ざした時間は「生態的時間」（ecological time）とも言われるが，その有名なものは，1930 年代にイギリスの社会学者エバンズ＝プリチャード（Evans-Pritchard）の調査報告で知られるようになったスーダン南部の牧畜民族ヌアー族の「牛時計」だろう。そこでは，牛を外へ連れ出す時間，搾乳時間，牛小屋の掃除の時間，子牛を牧草地に連れて行く時間などが時刻や時間的長さの尺度になるという。余談ついでに言うと，アメリカなどでも，「夏時間」（daylight saving time）に対する反対論の中には，家畜は今日から 1 時間早起きだなどということはできないからという酪農家などからの声があったという。

7.7.「空間」としての時間

　真木（1981）や堂野前（2014）によると，古代の日本人にとっては，昼と夜とは連続する時間ではなく，一日は昼と夜に分けて数えていた。たとえば，ヤマトタケルから旅の日数を尋ねら

れた老人が,「かがなべて,夜には九夜,日には十日を」(日々を重ねて晩は九回で昼は十回)と答えたという(真木 (1981: 95))。また,昼は人の時間であり,夜は神の時間であって,それぞれ異なる世界と見なされていた(堂野前 (2014: 2))。関連して,明け方や夕暮れは,時間の,というより,世界の裂け目でありほころびであって,そこは異界の住人である鬼などの出入り口となる。明け方や夕方を表す古い言い方に,「かわたれどき」「たそがれどき」があるが,それぞれ「彼は誰」「誰そ,彼」が起源とされ,薄暗くて人の見分けがつかない時刻を表す。人影が見えるが誰か分からない,それは,不安を誘う状況でもある。

　季節の節目も同様で,余談になるが,筆者が子どものころ,旧暦の節分の夜には便器の中から得体の知れない手が出てくるという話を祖母から聞かされて,夜中には怖くてひとりでは排便に行けなかった思い出がある。節分に鬼払いの豆まきをするのも,まさに季節のつなぎ目だからだろう。

　昼と夜とは異なる世界という考えは,日本に限らないもので,青木 (1981: 33-35) は,スリランカの都市コロンボでの経験として,昼はオフィスアワーだが,夜は霊的なもののうごめく世界であり,「ピリット」という僧侶による夜通しの読経は,夜に行われるからこそ意義のある象徴的な行為だと述べている。一説によると,ハロウィーン (Halloween) も,ケルト系のゲール族 (Gael) にとって 10 月 31 日は収穫期が終わって冬を迎える季節の節目で,いわば生の世界と死の世界の接点にあたるため,その夜には死者が悪霊となってこの世に戻って災いをもたらすと信じられたことに起源があるという。

7.8. 「過去」と「昔」

「過去」の語源を見ると、英語では past（中期英語で passed の別形）で「過ぎ去った」の意味であるが、日本語の「過去」は、もともと仏教用語で「前世」の意味であったという。『精選版　日本国語大辞典』（小学館、2006）は、「文法で過ぎ去った動作や状態を表す語法」の使用例として『密伝抄』（1455 年頃か）の一文を挙げている。これによる限り、私たちにおなじみの「過去」の意味は室町時代に遡ることになるが、本来は、現世に対する「別世界」を意味していたと言えるだろう。

「昔」についても語源を見ると、「東」が、「ひんがし＜ひむかし」で、もともとは日の出の方向を表したとされるのと同様に、「むかし」は「向かいの方向、場所」を表したとされる。『岩波古語辞典』（1990、補訂版）によると、回想がそこに向かっていく方向であり、伝承や記憶の中で生きている一時点として過去を把握した語であるという。

これらの語にも、日本語における時間は、古代では空間的な概念であったということが映し出されていると言えるだろう。第 1 章 2.1 節で、時間表現は空間表現からの比喩や転用であることが多いことを述べたが、これにも関わることがらである。

なお、「いまは昔」という物語の出だしの決まり文句も、「時間的に古い話だ」ということを意味するよりも、第 10 章 6.4 節で述べることになる「むかしむかし」などと同様に、架空の別世界という舞台設定をしますよという宣言と見なすことができるのではないだろうか。

7.9. 日本語のメンタリティー

　ここで，時間の問題を，日本語の基本的な特性や日本語に現れる日本人のメンタリティーという大きな背景の中で考えてみることにする。それによって，日本語における時間意識や時間表現の特質も浮かび上がると考えるからである。

7.9.1. 「なる」との関係

　池上（1981）によると，基本的に，英語は「する的」な言語であるのに対して，日本語は「なる的」な言語であるという。「なる」というのは，『精選版　日本国語大辞典』（小学館, 2006）によれば，なかったものが形をとって出現することや状態の変化を表す。たとえば，会議などで合意に達したようなとき，英語では We've come to a conclusion. のように移動の動詞 come を使って表現するところを，日本語では「結論が出た」と言う。このように，英語は「移動」で表すところを，日本語は「推移」ないし「出没」として表すことが多い。たとえば，列車のアナウンス放送でも，英語なら We'll soon be arriving at Kyoto. に対して，「間もなく京都です」や「次は京都になります」のように言う。古くは，主君の登場などで「殿様のお成り」と言ったし，旅の道中である場所に到着したことを「今は武蔵の国となりぬ」（『更級日記』）のように言うこともあった。レストランなどの接客用語の問題として非難されることの多い「こちら，ビーフシチューになります」のような言い方も「なる」が使われているところに特色がある。

　時間についても同様で，たとえば，「正午です」の代わりに「正午になりました」とは言うが，「正午が来ました」とは言わな

い。「春が来た」と言う代わりに,「春になった」,あるいは,やや古風に「めっきり春めいた」と「〜めく」(ある状態になる)を使う言い方もある。ただし,「ついにその日が来ました」のような「来る」を使った表現も多いし,池上(1981: 90)によれば,夕方の古い言い方である「夜さり」はもともと夜が来る・近づくという意味だそうだから,一概には言えないが,日本語の時間表現にも,英語などと比べて,「なる」的性質が強く現れていることは確かだろう。

7.9.2. 主観的表現法

発話に必ず存在するもの,それは,ほかならぬ話者である。発話に限らず,その基盤となる知覚でも認識でも,そこには観察者や表現者としての「自己」がいわば「環境」のように常に存在することになる。本多(2005)によると,それは「エコロジカル・セルフ」(ecological self)と呼ばれる。その「自己」の現れは言語によって異なり,自分のことを述べる発話では,英語ならIやweという1人称代名詞で明示されるのがふつうだが,日本語では「自己」は言語表現としては示されないことが多い。

(1) a. I have a stomach ache.
    (おなかが痛い)
  b. I have a slight fever.
    (微熱がある)
  c. I'm sorry, but we haven't got the article in stock.
    (あいにく,その品物は切らしております)

本多(2005)の「視野」ということばを借りると,英語では話者自身の姿がいわばその中に見えているような表現方法をとって

いるのに対して，日本語の「自分」の姿自体は視野の外にある。

英語と日本語の表現の違いを，川端康成『雪国』(1948) の冒頭部分の原文とサイデンステッカー（E. Seidensticker）の英語訳（1996年の再翻訳）で検討してみよう。

(2) a. 国境の長いトンネルを抜けると雪国であった。夜の底が白くなった。
    b. The train came out of the long tunnel into the snow country.　The earth lay white under the night sky.
    （列車は長いトンネルから雪国に入ってきた。地面は夜空の下に白く横たわっていた）

日本語では，語り手が列車の中にいて目に映る周囲の状況が描かれている。もっとも，『雪国』は全体として主人公によって語られる物語であるから当然だろうが，ともかく主観的な視点がとられている。他方，英語は，原作とは異なって情景全体を外から客観的に観察しているような描き方をしている。いわば「神の視点」と言ってよいかもしれない。

本多（2005: 43）は，「エコロジカル・セルフ」以外の「自己」も紹介しているが，その一つに「感情のような私的な経験のありかとしての自己」，すなわち「私的自己」(private self) がある。次のように，話し手本人の状況にしか使えない表現は，その典型的な言語的現れと言えるだろう。

(3) a. 私はうれしい。
    b. *彼はうれしい。　　cf. 彼はうれしがっている。
(4) a. 私のおなかはペコペコだ。
    b. *彼のおなかはペコペコだ。

なお，(3a) なら，「私」を省いて単に「うれしい」と言うだけで十分であるし，そのほうがふつうである。(4a) も，(1) の日本語表現と同様に，「私」を省いて「おなかがペコペコだ」と言うこともできる。これらの表現では，「自己」は一種の感覚器と化している趣がある。

　要するに，日本語のこのような「自己」の性格は，「環境のように常に存在している」だけでなく，いわば環境に溶け込む形で，潜在化すると同時に遍在化していることによるのではないだろうか。

　池上 (1981) も本多 (2005) も，多くの表現や言語事象に基づいた精緻な考察によって，きわめて膨らみのある日本語論を展開しているが，本書ではつまみ食い的にごく大ざっぱに取り上げているにすぎないことを断っておかなければならない。その上で，本題の「時間意識」に話を戻すと，7.5 節の大野 (1977) と加藤 (2007) の引用文によれば，出来事の表現はすべて話し手の心の投影ということになるが，これも，上に述べたような「自己」のあり方を示す日本語の基本的特質に根ざしているように思われる。

第8章　英語の不定詞と真偽値

8.1. 不定詞は真偽値を持つか

　文というのは，論理的に眺めると「真理関数」であり，時制はそれに関わる標識であることを第2章で述べた。たとえば，英語の平叙文の場合，現在時制なら，話者が，その文に述べられている出来事（命題）が現時点において妥当，すなわち「真」であると宣言している印であり，他方，過去時制は，その出来事が今という「世界」にはあてはまらないこと，すなわち，もう過ぎ去ってしまったことか，あるいは，現実とは隔たった架空のこととして述べているという印だというものである。

　では，時制標識のない動詞，すなわち不定詞の場合はどうだろうか。これまでの話の流れからすれば，不定詞は「真偽値」を持たないことが予想される。言い換えると，不定詞は，真偽値に関して無色であり，形だけでなく論理的意味の面でも不定であることになる。これを，以下で英語のさまざまな不定詞の構文によって検証してみよう。

8.2. 命令文

英語には，古くは「命令法」があり，それを表す動詞の形態があったが，現在は「命令法」は消失し，命令は，事実上，主動詞自体が原形不定詞であることによって表現される。すなわち，命令文は「真偽値」のない文ということになる。命令される事柄は，まだ実現していないわけなので，真とも偽とも判定のしようがないからである。逆に言うと，不定詞には真偽値がないという事実をうまく利用しているのが，現代英語の命令文であることになる。

真偽値は，「付加疑問」(tag question) の使い方に関係する。付加疑問文も，通常の Yes-No 疑問文と同様に，当該の文の真偽を問うものであるが，平叙文の場合，通例，次のように，主節が肯定であれば付加疑問は否定形，また，主節が否定文であれば付加疑問は肯定形というように，いわゆる否定の極性 (polarity) は逆転する。

(1) a. You're a college student, *aren't you*? (大学生ですよね)
    b. You aren't a college student, *are you*?

ところが，命令文では，肯定命令文なら，付加疑問は肯定と否定のどちらも同じように可能である。

(2) Come here, *don't you* / *do you*?

これは，命令文には真偽値がなく，真か偽かを問うことには意味がないためであるとして説明することができる。けれども，否定命令文の場合は事情が異なる。すなわち，通例，肯定の付加疑問だけが用いられるのである。

(3) Don't come closer, do you / *don't you?
（近寄らないでね）

これは，否定命令に伴う「前提」(presupposition) によるものであると考えられる。すなわち，否定の命令というのは，通例，相手が，してはならないことをしそうなとき，あるいは，すでに何かをし始めているときにそれを禁じるために用いられるものである。たとえば，騒いでいるのをやめさせる場合とか，あるいは，これから出かけようとするとき，留守番の子供に勝手に冷蔵庫を開けてはいけないと警告しておくような場合である。

(4) a. Don't be noisy!
b. Don't open the fridge while I'm out.

すなわち，否定命令文には，行為に関して，すでにそれをしているか，あるいは，黙っていればそれをしてしまうはずだという前提がある。

他方，相手がなにかを行う意図を持たなかったり，するのをためらったり，とにかくまだ行為の実行の影も形もない段階で，実行を促すのが肯定命令である。つまり，肯定でも否定でも，命令文自体は真偽値を持たないが，発話者の心に潜む前提が付加疑問の違いとなって現れるのである。

8.3. 従属節の原形不定詞

原形不定詞が用いられる他のケースとしては，次のような例がある。

(5) a. I insist that he *be* released.

（彼は釈放されるべきだと主張します）

　b. The general ordered that his men *stay* in the camp.
　　（将軍は部下に駐屯地に留まるよう命じた）

これらの構文は，命令文に準じるもので，命令や要求の内容を表すという点で，その従属節はやはり真偽値を持たない。

次の例は，if 節の中に原形不定詞を用いた「仮定法現在」である。

(6)　If it *be* true, he ought to say something about it.
　　（それが本当なら，彼はそれについて何か言うべきだ）

仮定法の名残の were や過去形で表される「反実仮想」は事実とは異なる想定を表すものだが，上記の例は，真偽の認定を保留した表現である。ただし，「仮定法現在」は文語的な響きを持つので，If it *is* true のように動詞の現在形を用いることが多い。

8.4. to 不定詞

　to 不定詞は，いわゆる名詞的用法，形容詞的用法，副詞的用法など，さまざまな使い方があるが，ここでは，その中から，この言語表現の特色を最もよく表すと考えられるものに限って取り上げ，基本的に「真偽値」を持たないということを示すことにする。

8.4.1. 含意動詞

　to 不定詞を補部にとる代表的な動詞に，manage のような「含意動詞」(implicative verb) と言われる種類がある (Karttunen

(1971))。これらは、その動詞によって表される行為の実現がそのまま to 不定詞で示される行為の実現につながるというのが特色である。たとえば、(7a) のように言えば、同時に (7b) も意味していることになる。

(7) a. I managed to open the box.
(なんとかその箱を開けることができた)
b. I opened the box. (私は箱を開けた)

すなわち、(7a) を断言する場合、話し手は (7b) も真だと思っていなければならない。次の文の remember についても同じことが言える。

(8) a. John remembered to post the letter.
(ジョンは忘れずに手紙を投函した)
b. John posted the letter.
(ジョンは手紙を投函した)

この場合、(7a) は (7b) を、また、(8a) は (8b) を、それぞれ「含意する」(imply) と言う。(7a) では主語 (I) の能力が、また (8a) では、主語 (John) が「任務をちゃんと覚えていること」が、それぞれ (7b) と (8b) が真となるための条件 (真理条件) ということになる。

「含意動詞」の特徴は、次のように、文全体を否定文にすると、to 不定詞の部分も否定されるということである。

(9) I didn't manage to open the box.
(どうしても箱を開けることができなかった)
→ I didn't open the box.

このように，肯定・否定（真偽）が連動していることは，不定詞部分は独自の真偽値を持っていないということを示している。

8.4.2. 「補文主語繰り上げ」の構文

もう一つの代表的な不定詞構文として，いわゆる「補文主語繰り上げ」(raising) によって派生されると言われるものがある。

(10) a. I believe John to be innocent.
　　 b. I believe (that) John is innocent.

(10a) は，(10b) の補文 (that 節) の主語である John が主節の目的語の位置に「繰り上げられた」ために生じた文であるとされる。この構文を許すのは，believe のほかに，expect や imagine などの「非叙実動詞」(non-factive verb) と呼ばれるタイプの動詞であり，対照的に「叙実動詞」(factive verb) と言われる動詞は，次の regret のように，to 不定詞をとらない。

(11) a. I regret that John is absent.（ジョンが欠席で残念だ）
　　 b. *I regret John to be absent.

「叙実動詞」は，that 節の内容が真（事実）であるとの「前提」に立って，それについてコメントするものである。前提かどうかを判断する「試金石」としてよく指摘されるのは，主節を否定文にしても that 節の内容は否定されず，依然として事実だと見なされているということである。次の文は，(11a) と同様に，やはり「ジョンが欠席だ」ということを事実とした上で話していることになる。

(12) 　I don't regret that John is absent.

（ジョンの欠席を残念に思わない）

「叙実動詞」の that 節を to 不定詞に替えることができないのは，主節とは独立してそれ自体の真偽値を持っているからとして説明できるだろう。

　それでは，そもそもなぜ (10a) と (10b) のような交替があるのだろうか。また，「繰り上げされた」名詞句は，従属節の主語であったときとどのように異なるのだろうか。これを考えるに当たってまず重要なのは believe のような動詞の性質である。これらの目的語として用いられる that 節は，思考や空想など，主語の心の中の世界を表すという意味で，「世界創造の動詞」(world-creating verb) と呼ばれる。そうすると，「繰り上げされた」名詞句は，主語の心の中の世界から，話者のいる（現実の）世界に取り出されたことになる。同時に，主語を欠いた動詞句は不定詞に変えられる。不定詞というのは独自の真偽値を持たないものと考えれば，この構文の特色は次のようになるだろう。もともと主語の心の世界を表している that 節の内容の真偽は不明なわけだから，それを to 不定詞という真偽値のない形にした上で，その内容の真偽は，that 節から「繰り上げられて」主節の目的語になった名詞句にかかっているということを明確にする形，それがこの構文である。言い換えると，繰り上げられた名詞句は，to 不定詞句で表される「補文」の内容に対して真偽の鍵を握るという意味で「真理条件」という資格を与えられている。このことを明示的に示すのが「繰り上げ構文」だというのが本書の主張である。

　また，「繰り上げ」に伴う利点の一つは，「受動態」によって，この目的語を主節の主語にして，次のような形にすることが可能

だという点にある。

(13) John is believed to be ...

主語というのは，通例，文のテーマとしての位置づけを与えられる。(13) について言えば，この文が表しているのは，John が文のテーマだということを明確にした上で，当人について to 不定詞以下のようなことが信じられているということである。論理的な意味内容は変わらなくても，いわゆる「情報構造」が変わったことになる。

なお，「繰り上げ」は，変形生成文法理論では，「繰り上げ規則」という変形操作によって派生されると考えられてきたが，本書では，単に，believe のような動詞は，(10a) と (10b) の二つの構文が可能であることを示した上で，その意味的な側面だけを問題にしている。

ついでながら，構文は believe などとは異なるが，次の seem のような動詞も that 節構文と to 不定詞構文の両方が可能である。

(14) a. It seems that John is ill.
   （ジョンは病気のようだ）
   b. John seems to be ill.

この場合，変形生成文法流の言い方では，補文の主語は「it 置き換え」(*it* replacement) によって主節の主語になったものとされる。(14a) は，「ジョンが病気だ」ということ（「命題」）全体の判断を和らげた形で伝えているのに対して，文のテーマが John になっている (14b) のほうは，その John に対して「病気である」ということがどうやら言えそうだというものである。to 不定詞の真偽値を問題にするなら，その値は，seem によって調

整(陳述緩和)されているということを表す形と言えるだろう。ついでながら，seem は，to 不定詞のない次の形も可能である。

(15) John seems ill.（ジョンは病気に見える）

(14b) が伝聞などによる判断を表しているのに対して，(15) は，John の顔色や様子による直接的な印象を語るものである。

8.4.3. try と want の構文と意味

try や begin のような動詞も to 不定詞をとりうる代表的な動詞であるが，不定詞の前に目的語をとることはないタイプである。

(16) a. I tried to jump over the fence.
 b. *I tried John to jump over the fence.

これは，to 不定詞（フェンスを飛び越える）の成否は，あくまでも主語である「私」の能力や努力いかんにかかっていることを表す構文である。言い換えると，to 不定詞句で表される内容の真偽は，ひとえに主語の肩にかかっている。したがって，上記の believe などと違って，try は to 不定詞の前に目的語をとることはない。

それに対して，次の want の場合は，try などと同様に to 不定詞句だけを従える場合もあるが，目的語をとることもできるという特色がある。

(17) a. I want to have the job.
 （その仕事に就きたい）
 b. I want you to help me.
 （あなたに手伝ってほしい）

(17a) で表されているのは、あくまでも主語である自分一人の望みである。もちろん、望み通りにいくかどうかは多くの外的要因に左右されるけれども、望みの実現、すなわち、to 不定詞句が真であるためには、まずは自分の望みがなくては始まらない。一方、(17b) では、to 不定詞の内容実現には、目的語である「あなた」(you) がその鍵を握っていることになる。

問題は、まれに見られる次のような文である。インターネットで見つけたものだが、自画像について語っている。

(18) I don't want *myself* to look this realistic .... I draw things like I want them to be.
(自分がこんなに実物らしく見えるのはいやなんだ。僕は対象がそうであってほしいように描くので)

本来、want は、(17) に示したように、主語と同じ目的語はとらないはずで、両者が同一の場合は、(17a) のように目的語が「削除」される。では、(18) の再帰代名詞はなぜ生じているのだろうか。結論を言うと、問題の例では、自分を作画の対象として見ているか、あるいは、絵の中の自分という別次元の存在について述べているからと考えられる。いずれにせよ、自分を客体化することによって、他人や事物と同じような立場に置いている。その意味で、この場合も、再帰代名詞で示されている目的語は、to 不定詞句に対する一つの真理条件としての役割を担っていることになる。この点は、believe タイプの動詞で、「繰り上げられた」名詞が再帰代名詞である場合と同様に考えることができる。

(19) a. I believe/think that I am ill.

b. I believe/think *myself* to be ill.

(19b) も,自分自身を目的語に据え,自分を客観視することによって自分の健康状態を問題にしている。

8.4.4. 「副詞的用法」の不定詞

英語の不定詞構文はほかにも多くのタイプがあるが,ここでは,その中でもいろいろな機能がある「副詞的用法」について触れておこう。

(20) We stopped to have a rest. ［目的］
(21) I hurried to the port only to find that the boat had already left. ［結果］
(22) a. I'm very happy to meet you. ［原因］
   b. They will be pleased to hear it. ［原因］

(20) は「立ち止まる」ことが「休むため」の条件になっており,(21) では,港に着くことが「出航」を知るための条件という意味で,to 不定詞句の内容の実現(真)は,それぞれ主節に依存している。したがって,この場合も,to 不定詞句は独自の真偽値を持っていないと言える。

8.4.5. 「原因」を表すとされる用法の問題

ところが,問題は (22) の「原因」を表すとされる例で,事情が異なる。というのは,これまでのケースとは因果関係が逆転するからである。(22a) なら,to 不定詞句が表す「会えたこと」が「うれしい」という感情の原因でなければならないはずである。そうすると,to 不定詞は独自の真偽値を持つことになって

しまう。問題の構文をとる形容詞には，上記の happy や pleased のほかに，glad, sorry, surprised などがあり，要するに，「感情の形容詞」一般の特色である。これらの形容詞のもう一つの特色は，次のように，that 節もとることができるということである。

(23) a. I'm very happy that you are in good shape.
　　　（あなたがお元気でうれしい）
　　b. She was sorry that she had missed the show.
　　　（彼女はショーを見逃して残念がっていた）

また，問題の to 不定詞句は，主節から切り離して文頭に置くこともできる（Wada (2001: 56)）。

(24) a. He was happy beyond all expressions to see her there in perfect health.
　　　（彼女の元気いっぱいの姿を見て，彼はことばにならないほどうれしかった）
　　b. To see her there in perfect health, he was happy beyond all expressions.

このように，主節より前に置かれてみると，いっそう「原因」を表しているように見えてしまう。ちなみに上記の try などの動詞の場合は，こんなふうに主節から切り離すことはできない。

(25) a. He tried to catch the rope.
　　　（彼はロープをつかもうとした）
　　b. *To catch the rope, he tried.

(22) の「原因」を表すとされる to 不定詞の性格を考えるにあ

たって，まず，(23) の that 節を従える場合と比べてみよう。(23) は，that 節で表される「認識」について「うれしい」とか「残念だ」とコメントしているものである。(23a) なら，「あなたがお元気なことを知って」ということになる。他方，(22) の to 不定詞の場合は，いわばもっとストレートな身体感覚的表現であると考えられる。というのは，that 節の場合，(23a) のように，その主語は主節の主語と異なってもよいが，to 不定詞の「意味上の主語」は主節の主語と同一でなければならないという点で，行為と感情が直結しているからである。歴史的に見ると，不定詞をとる to も方向を表す前置詞に由来するということを踏まえると，to 不定詞句は，「原因」というより感情の「対象」を表していると見なすほうが適切だと思われる。

　結論を言うと，このような構文の to 不定詞句にも独自の真偽値はないと考えてさしつかえないと思われる。try などとの違いは，真偽値の依存関係がないということで，もしそれがあるなら，(24b) のような主節からの分離はできないはずである。他の to 不定詞の副詞的用法と比べると異端児のようにも見える「感情形容詞」の場合は，そもそも感情は論理的なものではないので，to 不定詞句の真とか偽とかということも問題にならないということだろう。ちなみに，たとえばスペイン語の感情形容詞が英語の that にあたる que を従える場合，その節は「接続法」という「心的世界」を表す動詞の形をとる。

(26) a. Me alegro de que *hayas vuelto* sin novedad.
   （君が無事に戻ってきてうれしい）

   b. Lamento que no *hayas podido* venir.
   （君が来られなかったのは残念だ）

なお，to 不定詞の持つ「方向性」は，よく知られた次のような対照にも典型的に見られる。

(27) a. Please remember *to lock* the door.
(ドアをロックすることをお忘れなく)
b. I remember *meeting* him somewhere.
(どこかで会った覚えがある)

(27a) は「未来志向」であるのに対して，動名詞を伴う (27b) は「過去志向」である。

8.5. まとめ：英語の不定詞の経済性

本章の最後に，以上のさまざまな用法における英語の不定詞（to 不定詞および裸の不定詞）が現代英語に持つ意義を考えておくことにする。たとえば，命令文は，現代英語では不定詞で表されるが，かつては，「命令法」という動詞の特別な活用形を使って表されていた。英語以外の言語でも，命令文や心の中の世界を表すためには，スペイン語のように「接続法」という動詞形態を備えている言語も少なくない。それに対して，現代英語は，定形動詞が時制，すなわち，文の真偽値に関わる標識を持つという特性をいわば逆手にとって，不定詞という，真偽値に関して白紙状態にある動詞形を幅広く利用した，いわば「経済的な」システムを作っていると言えるのではなかろうか。

第9章 言語習得と時制

9.1. 言語差の大きなシステム

　時制体系は，複雑で，言語による違いも大きいシステムである。たとえば，中国語やインドネシア語のように時制がないとされる言語もあるし，スラブ系の言語のように「完了」や「未完了」というアスペクトが主役の言語もある一方で，現代ヘブライ語のように，文法形式としてのアスペクトがなく時制標識しかない言語もある。フィンランド語では名詞の格変化が14もあるが，その使い分けで行為のアスペクトが示される。たとえば，何かを食べるというとき，それを食べ終わっている（完了）なら「対格」（対象全体を表す）を使い，まだ食べ終わっていない（未完了）なら「分格」（部分を表す）を使うという具合である。

　時制体系は，外国語学習にとっても最もやっかいな課題の一つであることも第1章3.4節で述べたが，子供の母語習得の場合はどうだろうか。一般に，初語は1歳前後に観察されると言われるが，ここでは，Wagner（2012）や Hewson（2012）による最新の知見を紹介しながら，主に英語の時制習得の道筋について，

ごく大まかにその特色や問題点を見ておくことにする。

9.2. 英語の時制習得

Hewson（2012）によると，英語の時制の習得は次のような三つのレベルを経て進むという。

レベル1:「広大な現在」におけるアスペクトの区別

動詞の屈折形が現れ始めるが，writeを例にとると，このレベルで表現されるのは，write（原形・現在形）＝「動作の生起：遂行」，writing（現在分詞）＝「動作の未完了：継続」，written（過去分詞）＝「動作の完了：回想」というアスペクトの区別である。やや遅れて，達成動詞（breakなど）の「過去形」が現れるが，実際は，過去形の代わりに過去分詞が使われることも多く，wentの代わりにgoneと言ったり，次のようにbrokeと言うべきなのにbrokenと言ったりする。

   (1) Car broken（自動車がこわれちゃった）

(Hewson (2012: 520))

このレベルでは，過去形も過去分詞形も両方とも，ある出来事が起きてしまったこと，すなわち「完了」というアスペクトを表していると考えられる。過去形も「過去時制」として使われているのではないことになる。

そこはまだ時間の区切りがなく，Hewsonのことばを使うと，「広大な現在」（vast present）という時間的にはのっぺりとした一つの世界が広がっている。なお，これはどの言語でも同じ普遍的な特性だと考えられる。

レベル2: 心の世界の描写

この段階の最大の特色は，I think he *write*.（彼は書くと思う）のように，動詞の原形（幼児には現在形との区別がない）を使って，自分の思いや考えという心の中のことを表す構文が現れることである。いわば「叙法」の萌芽と言ってよいだろう。ただし，明確に「叙想法」(subjunctive) の成立と言えるのは，もっとあとの段階になって「時制」が習得されたときである。

レベル3:「過去」と「非過去」

この段階で「過去」と「非過去」(non-Past) という二つの時制対立が現れ，たとえば，He wrote.（過去）と He writes.（非過去）が区別されるようになる。「現在」ではなくて「非過去」と呼ぶのは，これが「未来」も含むからである。

同時に，レベル2で心の中を表すとされた動詞の原形（不定詞）が「叙想法」という文法形式としての地位を確立するようになる。下記の (2) と (3) はともに「大人」の文であるが，両者を比べることによって，原形動詞の働きを見てみよう。

(2) a. I know he *is* at the meeting.
    b. I know he *was* at the meeting.
(3) a. I insist he *be* at the meeting.
    b. I insisted he *be* at the meeting.

(2) の場合，従属節の動詞は，「会議出席の時間」に応じてそれぞれ現在形と過去形が使い分けられている。他方，(3) では，主節の動詞が現在でも過去でも，従属節には原形不定詞が使われている。いわゆる「仮定法現在」であり，要求を意味している。このように，主節の動詞の時制によらずに従属節の動詞が原形の

ままであれば、それは特別な機能を持っていることを示している。こうして、時制の区別ができ上がって初めて、「叙想法」という独自の文法的カテゴリーの明確な姿を見ることができる。

　Hewson は、以上三つの発達段階のレベルが積み重なることによって、アスペクト、叙法、時制を含む英語の時制体系全体が形作られると考えている。これを、Hewson（2012: 520）の図で見てみよう。ただし、ここでは、一部の表現を日本語に置き換えてある。

この図の矢印は時間の向きである。Xは、[　]内の位置によって、出来事の開始・継続・終結を表す。第1章で見たように、Hewson によると英語は「上昇時間」の言語であり、これは、レベル2の「広大な現在」に顕著である。レベル1では、本来は動詞であるものが、幼児にとっては名詞と変わらないもので、その形の違いはただ出来事の状態（アスペクト）を表すに過ぎず、また、それに応じて時間の向きもさまざまである。レベル3になって、「広大な現在」が「過去」と「非過去」（現在および未

来）に二分される。

9.3. 他言語の例

　英語とは異なる時制体系を持つ言語では，発達段階も異なることになる。たとえば，ケニア国内では最大の話者を擁するキクユ語（Kikuyu）は複雑な時制体系を持つが，Hewsonによると，この体系は次の二つのレベルから成る。

　第一レベルの最初は，英語と同様に「広大な現在」があり，その基盤の上には「未完了」（～する・している）というアスペクトの原形があるだけだが，やがてそれが細分化されて「完了」「継続」「回想」を表すアスペクトの層が形成される。

　続く第二レベルでは，「遠い過去」「近い過去（今日の早い時間）」「近い未来（今日のあとのほう）」「遠い未来」の四つの時制対立ができあがる。すなわち，最初にアスペクトが形成され，その後に時制が形成されるという段取りである。これをHewson（2012: 527）の図を借りて示すと次ページのようになる。ここでも，用語を日本語に置き換えたり補足を加えたりしている。

Level 1

Level 2

最初に，表記について補足しておくと，図の中で，「遂行」(Performative) とあるのは，簡単に言えば，完了形などでない単純形の動詞のことである。また，レベル1の中に，[←⋯⋯x] X とあるのは，「回想」が潜在的に「完了」を含むという入れ子関係を表すものである。この言語では，レベル1の段階から「上昇時間」と「下降時間」の二つがあり，さらにアスペクトの区分も細かくて，当初から込み入ったものであることが分かる。レベル2では，「上昇時間」と「下降時間」がそれぞれ四つの時制に区分される。結果として，キクユ語は，ともに細かく区別されて

いるアスペクトと時制の二つの層が組み合わさり，複雑な時制体系を持つことになる。

9.4. アスペクトの理解

　上記の二つの言語にも見られるように，一般に，時制の習得に先立って「未完了」や「完了」などのアスペクトの区別が習得される。この順序は自然なことに思われる。すなわち，ある出来事の開始や継続，終結などというアスペクト的な面は，その出来事さえ見ていれば分かることである。それに対して，時制というのは，第7章5節に引用した加藤（2007）のことばにもあるように，「世界の時間構造」の認識に関わるものであり，これは「時間」を意識するところから始まる必要がある。それには抽象的な思考能力と複数の出来事の関係を見渡すことのできる広い視野が求められる。

　Hewson（2012: 520）によると，英語の場合，「時制」は3歳ごろになって習得される。一般に，いわゆる初語の出現が1歳前後であり，2歳になると，英語ならwhatやwhereなどの疑問文や"No sit"（座らないで）のような命令文が出始め，3歳には，疑問文の語順転倒，andの等位節，さらに，やや遅れてifやbecauseなどで始まる従属節など，比較的高度な文法構造が出現することを思うと，時制の習得はかなり遅いことになる。ただし，岡本（1982）によれば，時間的順序，すなわち出来事の順序は，1歳2, 3ヶ月で理解できるようである。時間的順序の理解と時制の理解とは別物なのである。ついでながら，英語でものや時間の順序を表す前置詞および接続詞のafterとbeforeの学習時期を比べると，beforeのほうが早いという（Traugott（1978: 382））。こ

れは，A before B は，A after B と違って，発話の順番と合っていて，理解しやすいためだと考えられる。

　なお，アスペクトによる動詞形の使い分けには，最初，各動詞の意味に内包される完了や継続などの「語彙的アスペクト」(Aktionsart) の役割が大きいようである。Wagner (2012: 460) によると，たとえば，英語の場合，2歳半以前の幼児が過去形／過去分詞形を使うのは完了 (telic) の意味を持つ動詞に限られる一方で，現在形／現在分詞は未完了 (atelic) の意味を含む動詞に限定する傾向があるという。たとえば，"broke"（完了動詞 break の過去形）や "riding"（未完了動詞 ride の現在分詞）という形は口にするが，breaking や rode はめったに口にしない。さらに，動作動詞（run など）は -ing 形で使われ，状態動詞（know など）は原形（現在形）で使われるという観察もある。

　また，現在分詞に限らず，過去形という「時制標識」も，上述のように，この段階では，あくまでも「アスペクト」を区別するために使われているということを改めて心に留めておこう。

　子どもが「語彙的アスペクト」と時制を結びつける傾向は，フランス語でも見られる (Wagner (2012: 470))。たとえば，avoir（持っている）や savoir（知っている）のような状態や持続を表す未完了動詞は過去形では使われにくく，この結果，過去の出来事を「未完了的」視点で記述する「半過去」(imparfait) は，他の時制よりもかなり遅く，ようやく6歳ごろになって正しく使えるようになるという。要するに，英語でもフランス語でも，幼児は，まず意味的に自然な組み合わせを好むということになる。ついでながら，このことからも，言語習得は，人から「教わる」ことで行われるものではなく，自発的な理解に基づいてなされるということが言えるだろう。

9.5. 時制の出現

 未完了なことはいま現在経験していることであり，他方，完了したことは，記憶に留まっているという意味で，時間的に見れば「過去」のことであり，ここに時制が作られる基礎があることになる。

 上で述べたように，どの言語でも，時制体系が作られる基盤となるのは「広大な現在」であると考えられるが，その中にアスペクトの区別が確立されて，それでおしまいという言語も少なくない。中国語やインドネシア語もこの中に入れてよいだろう。狭い意味での時制のないこれらの言語は，言語の仕組みに現れた時間構造という点から見れば，「広大な現在」しか存在しないことになる。ただし，言うまでもなく，時制のない言語が原始的だということではまったくない。それらの言語は，出来事の完了・継続・終結などを表すのに時制標識ではなくアスペクト標識を使い，それで用が足りるということである。また，それらの言語を使う人々に時間意識が欠落していることにはならないということもまた当然である。

9.6. 「過剰一般化」の道筋

 ついでながら，言語習得過程でよく言われる「過剰一般化」(overgeneralization) ないし「過剰修正」(hypercorrection) について触れておくことにする。英語を例にとるなら，3歳ごろに，go の過去形を，規則動詞にならって goed と言ったり，come の過去形を comed と言ったりする現象である (Elliot (1981: 5))。これは，子どもが過去形を作るための規則を学習したためと考え

られる。

　この現象で特異な点は，最初に「正しい形」went が言えても，やがて goed を使うようになり，最後に再び went に戻るということである。Hewson（2012: 522）は，これを「不規則動詞形の U 字型の発達」と呼んで，その仕組みを上記の英語の三つのレベルにあてはめて説明しようとしている。

　fall（落ちる）という不規則動詞を例にとると，第一レベルでは，fell という正しい過去形が見られるものの，使用上は原形の fall と区別がない。上記のように，子どもにとって重要なのは「語彙的アスペクト」であるため，「完了動詞」fall は，fall と fell という形の違いにお構いなしに，いずれも，すでに起こった出来事に使われる。たとえば，Man fall down!（ひとがおっこっちゃった）。

　第二レベルでは，-ing（継続・未完了）や -ed（完了）は独立した形態素であるという認識ができ，同時にこれらの形態と「語彙的アスペクト」の結びつきは希薄になって，-ing だけでなく -ed も，動詞の種類を選ばずに使い始める。その結果，falled や goed のような「過剰生産」が起きることになる。すなわち，このレベルでは，「未完了」「完了」というアスペクトを語彙特性から切り離して理解するようになったということだろう。

　第三レベルではいよいよ時制体系が学ばれ，「過去」対「非過去」という区別を理解することによって，過去形は過去分詞形と違って「過去」を表す標識だという認識ができる。その結果，fell や went が過去を示す特殊な形だということも理解して，不規則動詞は再び正しい形になる（Hewson（2012: 522））。

9.7. 「心的世界」の出現

Hewson が述べている英語の時制の発達の中で，とくに「心の世界」の形成段階に注目しておきたい。これは，空想や物語などに密接に関係する創造的な心の世界の始まりを意味するからである。

一般に，「ふり」は，およそ生後10ヶ月ぐらいに現れ，たとえば，「寝たふり」などをするようになると言われている。これは幼児の心における「虚構の世界」の芽生えと言えるであろう。その後，2歳ぐらいになると，自分の身振りだけでなく，たとえば，人形に何かを食べさせるふりをする「ごっこ遊び」ができるようになると言われる。この現象と言語における「叙想法」の発達とは，認知的に深いつながりがあると考えられる。

言語にはさまざまな機能があるが，ハリデー (Halliday (2003)) によると，空想に関わる「想像的機能」(imaginative (let's pretend) function) を表すと考えられる音声表現は，周囲の世界を探査する「発見的機能」(heuristic (tell me) function)」とともに，生理的要求を満たすための「道具的機能」，親など相手の行動をコントロールするための「制御機能」，人と関わり合うための「相互作用的機能」などのあとで出現するという。すなわち，まずは生存に必要な言語機能を学んだ上で，「世界の成り立ち」を学んでゆくということになる。なお，ハリデーの言う言語の「想像的機能」と周囲の世界の成り立ちを理解してゆく「発見的機能」が，ほぼ同じ時期に（ハリデーの観察では生後12ヶ月ごろ）現れ始めるということには重要な意味があると思われる。

時制の習得段階について付言すれば，上で述べたように，時制の習得を待って空想世界を表す「叙想法」の成立が確認されるわ

けだが，過去時制が学ばれたということは，現代英語では過去時制で表現される「仮定」を表す手段も整ったことになる。こうして，動詞の原形で表される「叙想」に加えて，心の中の世界は大きく広がっていくことになる。

9.8. 理解力か情報処理能力か

　従来，認知発達に関する20世紀の有力な心理学であるピアジェ（Piaget）派を中心にして，時制習得が困難であるのは，幼児の認知能力や理解能力が不足しているためという考えが根強かったようである。しかしながら，上記のように「語彙的アスペクト」をいわば直観的に把握する能力を早期に身につけていることは驚くほどである。一方で，フランス語の「半過去」が典型的であるように，時制体系習得の完成には時間がかかることも事実である。Wagner (2012: 465) は，それは，出来事の時間的な特性が分からないというような「理解力」の問題ではなく，「情報処理」の負担の問題である可能性を示唆している。時制を操るためには，動詞の形態や統語的な仕組みに関する情報はもとより，語句や文の意味内容という情報，さらに，文の「真偽判断」に必要な世界の成り立ちに関する情報など，膨大な情報を処理する能力が求められる。とりわけ，自分が生きている世界に関する知識は，体験を通して学んでいくより仕方がない。ついでながら，「心の世界」と現実世界との線引きは，世界の構造を把握することであり，自分が生きていく上で欠かせない最も根本的なことがらであるだろう。

9.9. 未来時制習得の意義

世界の成り立ちの理解に関わってくる問題が「未来」である。第5章1節でも述べたように,「未来時制」というのは,時制というより法性（modality）を示すものであり,「非現実」（irrealis）を表すという見方もできる。実際,ビルマ語のように,「未来時制」がそういう特性を色濃く持っている言語もある。

Hewsonによると,上記のように「叙想」の発生は時制の習得に先立つが,子供は,過去と現在の区別ができる前に,現在と未来とを区別しているという研究報告もある。たとえば,英語とポーランド語で,「未来―過去」を動詞の形で区別する発話は,「過去―現在」の動詞形を区別して話すよりも前に観察されたという（Wagner (2012: 474)）。

また,2歳児に対して,おもちゃのアヒルが水を飲む状況を提示して,次のように問いかけると,その区別ができるという（Wagner (2012: 474-475)）。

(4) a. Show me the duck that *did* drink?
    （お水を飲んだアヒルさんはどれかな）
   b. Show me the duck that *will* drink?"

さらに, "Show me where the kitty *is gonna* fill in a puzzle?"（子猫はパズルのどこにはまるかな）のようなタスクでも,過去形（filled）と現在形（fills）を使った指示の場合よりもうまくできるという。このように,早い段階で「未来」を理解する能力があるということは,上記の「叙想法」の習得と併せて,空想の世界に対する感受性の強さを表しているように思えてならない。

ただし,英語の場合,未来時制はwillやbe going toなどで迂

言的に表されて目立ちやすい特徴を持っているため，それが実験に影響しているという可能性も否定できない。

　かつて『新明解国語辞典』（三省堂，1972年刊行）の初版から1981年の第3版の途中まで，「老爺(ろうや)」の語義の一部に，「過去の思い出に生きる男性」という表現があって物議をかもしたことがあるが，上の観察結果からしても，子どもはやはり未来志向であると言えるかもしれない。

第10章 物語と時制

10.1. 時制と文体

　時制は，広い意味での叙法に含まれて発話態度を示すものであると主張してきた。たとえば，英語の過去形は，仮定法に準じた使われ方をして「架空の世界」を表すことができ，この場合，相手に対して，これは「架空の話だ」という宣言をしていることになる。このように，「発話態度」とは，相手にどのような心構えで聞いたり読んだりしてほしいかという態度表明であるため，物語なのか報道なのかというような「文体」とも関わってくる。この意味での文体と時制とのつながりは，とりわけ，いくつかのヨーロッパの言語について，その文学やジャーナリズムなどの文体における時制の使い方を調査研究したヴァインリヒ（Harald Weinrich）(1982)『時制論』で力説されていることである。

　ヴァインリヒによると，時制は，主に文章のジャンルによって大きく二つのタイプに分かれる。一つは「説明の時制」ないし「話の時制」(besprechendes Tempus) であり，もう一つは「語りの時制」(erzählendes Tempus) である。

「説明の時制」に属するとされるのは，伝統的な文法名称を用いれば，英語とドイツ語では，現在形，未来形，現在完了，未来完了などであり，フランス語では，現在形，未来形，複合過去などである。他方，「語りの時制」に属するのは，英語とドイツ語では過去形と過去完了形，フランス語では半過去，単純過去，条件法，大過去，そして，前過去である。

10.2. 「説明」の時制と「語り」の時制

「説明の時制」は，その名の通り，いま目の前で展開している出来事や，これから起こりそうなこと，あるいは，過去のことであっても当面の利害に影響すると考えられることについて「説明」するために用いられる。他方，「語りの時制」は，もはや過ぎ去って当面の状況には関係ないこと（過去）か，現実とは関わりがないこと（仮定）について語るときに用いられる。

英語の場合で言えば，過去と現在完了は，ともに過去の出来事を表すものであるけれども，上記のような役割の違いがあり，「説明の時制」としての現在完了は，次の点で「物語の時制」である過去形とは区別される。

> われわれが現在完了で過去の事柄を説明するというのは，（中略）われわれの存在と行動から切り離し閉じこめてしまうのではなく，「説明する」ことによって，過去をわれわれの存在と行動のために開いたままにしておくことなのである。
>
> （ヴァインリヒ（1982: 83），強調は原文）

これは，現在完了の持つ「現在との関連」という特徴（第3章4.1節）をヴァインリヒ流に表現したものと言えるが，ヴァインリヒ

は，私たちの時制に対する認識を根本的に改めることを促して次のように述べている。

> 従来の文法のように，過去と現在完了が両方とも過去の事柄の時制であり，その区別は，現在完了では過去の行為がなお「現在まで続いていることによるだけだ」といったような見解の人は，『若きヴェルテルの悩み』の結末を説明できない。
> (ヴァインリヒ (1982: 278))

ちなみに，問題の結末部分というのは次の文章である。

> Der Alte folgte der Leiche und die Söhne, Albert vermocht's nicht. Man fürchtete für Lottens Leben. Handwerker trugen ihn. Kein Geistlicher *hat* ihn *begleitet*.
> (老司法官は遺体の後につきそった。息子たちもつきそった。アルベルトは行けなかった。ロッテの生命が気づかわれたからである。職人達が彼を運んだ。聖職者は一人もつきそってはいなかった)
> (斜字体と強調は原文)

最後の部分で，時制が過去から現在完了に「転移」しているが，ヴァインリヒの考えでは，それは読者に対する作者ゲーテ (Goethe) の働きかけ（発話態度）が「語り」から「説明」に変わったことを意味する。そこには作者のどんな意図があるのかというと，坂部 (2008: 153) によれば，現在完了に変えることで，読者を物語の世界から現実世界に連れ戻そうとしているのだという。これは，話はここでおしまいという合図になるとともに，物語の世界を読者がいる現実世界につなげ，これまでの話が実際に起こっていたかのような現実味を与える効果を生み出しているとも言えるだろう。

本書で主張しているように，時制は，単に出来事の時間的位置づけをするだけでなく，叙法システムの一部として「発話態度」を表すという役割を持つが，ヴァインリヒによれば，これこそが時制の真価であることになる。ヴァインリヒ理論の功績は，話者と聞き手ないし作者と読者という言語の使用者と結びつけて考えることによって，時制のダイナミックな姿を浮かび上がらせた洞察にあると言える。これは，第2章1節で述べたように，言語はものごとを記述するだけでなく，自分や相手の行動を左右する働きがあることを明らかにしたオースティンの功績と並べることができるだろう。

10.3. 時制の使い分けによる浮き彫り効果

絵画などには，「地」(ground) と「図」(figure) と呼ばれる対照がある。「地」が背景にあたるのに対して，「図」は，作者が絵の主題として目立たせたい部分である。この対照は言語の使い方にもあり，いわば背景的な描写と重要な部分とが区別されることで，話の流れにメリハリがつけられる。ヴァインリヒは，これを「浮き彫り付与」と名付け，物語の図柄を際だたせる「前景の時制」として，ギリシャ語などに見られるアオリスト，フランス語の「単純過去」やスペイン語の「完了過去」を挙げている。第6章でスペイン語には二つの過去形があり，「未完了過去」は，「完了過去」で描写される出来事の背景的・副次的状況を表すために用いられることが多いことを示したが，この二つの過去形は，ヴァインリヒの理論に当てはめれば，それぞれ「背景」と「前景」という役割分担をしていることになる。本書で述べたように，「未完了過去」が，出来事を直示的に記述する「完了過去」

と異なって,「過去の世界」を設定するものであると考えるなら,物語におけるこの二つの時制の役割分担は自然なことだろう。

英語では,「過去形」に対して「過去進行形」が背景描写の役割を果たす。ヴァインリヒは,次の例を挙げて,ヘミングウェイ (Ernest Hemingway) が「過去進行形」を物語の導入部や終結部に使うことによって,その背景描写としての機能を巧みに操っていると述べている(ヴァインリヒ (1982: 177-187))。

> So he ate an orange, slowly spitting out the seeds. Outside, the snow *was turning* to rain ....
> (そうして彼はゆっくり種を吐き出しながらオレンジを食べた。外は雪が雨に変わっていた ...)
>
> (『ありふれた話』(*Banal Story*))

> They were seated in the boat, Nick in the stern, his father rowing. The sun *was coming up* over the hills. ...
> (彼らはボートにすわっていた。ニックは船尾で,父がこいでいた。陽は丘の上に昇り始めていた ...)
>
> (『インディアン居留地』(*Indian Camp*), 斜字体は原文)

ヴァインリヒは,物語の背景を表す機能こそ「過去進行形」の唯一の機能であり,そこにアスペクトの機能を求めるのは間違いであるとまで言い切っている。たしかに,本書で論じたように,英語の進行形をアスペクトを表す形式であると見なすことには無理があるので,ヴァインリヒの主張には一理あると言えるだろう。本書では,英語の進行形は,出来事そのものではなく,「相対時制」として,その出来事によって特色づけられる「時間の特質」

を表すとしたが，これは物語の背景を描くのに都合がよい特性と言うことができる。

10.4. 日本語の「ル形」と「タ形」

ヴァインリヒが扱っている言語には含まれていない日本語はどうだろうか。文章における時制交替の問題は，松村（1996）が英語と日本語を比較して論じているので，例と説明を借用させてもらうことにする。

> かま場から出てきた喜三右衛門は，えん先にこしを下してつかれた体を休めた。日はもう西の山にはいろうとしている。ふと見上げると，庭の柿の木には，すずなりに生った実が夕日をあびて，赤くかがやいている。喜三右衛門は余りの美しさにうっとりと見とれていたが，やがて … (後略)
>
> （松村（1996: 28-29），下線は松村）

> 「K はいつもに似合わない話を始めました。奥さんとお嬢さんは市が谷のどこへ行ったのだろうと言うのです。私はおおかた叔母さんの所だろうと答えました。K はその叔母さんはなんだとまた聞きます。私はやはり軍人の細君だと教えてやりました。すると女の年始はたいてい十五日過ぎだのに，なぜそんなに早く出かけたのだろうと質問するのです。私はなぜだか知らないと挨拶するよりほかにしかたありませんでした。
>
> （夏目漱石『こころ』）（松村（1996: 29-30），下線は松村）

「日本語では主筋的事象はタで，副次的事象はルで述べられる傾

向がある」という曾我（1984）の指摘を紹介した上で，松村（1996: 25）は，日本語の時制交替は，過去の事態を登場人物の心の「内から」描写するか，語り手による客観的な「外から」の描写とするかを区別する機能を持っていると指摘している。

　上の例から，ル形（いわゆる現在形）は，タ形（いわゆる過去形）で記される物語の展開に対して，いわば芝居の「ト書き」的な役割，すなわち，ヴァインリヒのことばで言えば「説明」の役割を果たしていることが分かるだろう。過去形が物語の本筋を推し進めていくのに対して，現在形は，ちょっと立ち止まって補足しているような関係にある。すると，日本語では，基本的に，過去形は前景を，現在形は背景をそれぞれ表すという使い分けがなされていることになる。ついでながら，英語などの場合と異なって，日本語では，過去の物語でもル形の使用が可能であることは，これが「現在形」というより無時間的な形であることを示唆していると言えるだろう。

10.5.　「話」と「語り」

　ここで，日本語の「話す」と「語る」という語の相違について考えてみよう。坂部（2008）は，次のように説明している。

〈はなし〉のほうがより素朴，直接的であり，〈かたり〉のほうはより（二重化的）統合，反省，屈折の度合いが高く，また，日常生活の行為の場面からの隔絶，遮断の度合いが高い。
（坂部（2008: 38））

「当局と話し合う」に対して，「学生時代の思い出について語り合う」は，目前の行動状況や利害関心からはなれた典型的

な〈緊張緩和〉の（〈あそび〉をはらんだ）発話状況。
　　　　　　　　　　　　　　　　　　　（坂部（2008: 72-73））

同様に，「ちょっと話がある」とは言うが，「ちょっと語りがある」とは言わない。「語りたいことがある」は言うが，坂部の言う「目前の行動状況や利害関心」とは離れた，心の吐露のような趣がある。また，「語り」に伴う「緊張緩和」や「あそび」は，私たちが「物語」を読んだり聞いたりするときの心境をよく表している。

　一方で，坂部（2008: 46-47）は，〈語る〉ことは〈騙る〉ことに通じると指摘している。「騙る」は，『広辞苑』（第6版）では，「うちとけて親しげに『語る』ことから安心させてだます」とある。たとえば，いわゆる「オレオレ詐欺」なら「息子の名前を騙って」だますという手口である。つまり，「語り」には，しばしば虚構の匂いがつきまとう。

　「日常生活からの隔絶」ということから，坂部（2008: 35）の言うように，「語り」の内容は，「過去」「むかし」に結びつきやすい。この点で，「昔話」が典型的な「語りもの」ということになる。そうだとしたら，本来は「昔語り」と呼ばれるべきであるが，飯島（1989: 39）によれば，「昔ガタリ」が「昔バナシ」と称されるようになったのは，近世に入ってからのことで，絵草紙に書かれて子ども専用のお話とみなされるようになって以来という。また，一説によると，話とは「放し」に由来する自由な物言いであるのに対して，「語り」は「型」から出たことばとされ，形式の整った物言いを意味し，一定の文句で始めと終わりが示される。次の節では，フィクションの典型としての「昔話」の「型」について見ておこう。

10.6. 昔話の特色

10.6.1. 昔話の平面性

小澤（1999, 2009）は，ドイツのメルヒェン研究家，リュティ（Max Lüthi）の理論を紹介して，世界の「昔話」に普遍的に見られるといういくつかの特性を挙げている。その一つに「平面性」という特徴がある。すなわち，物体も登場人物も「立体性」を欠いてまるで切り紙細工のようであり，たとえば，人が切られても血も出ないし，切られた身体も元通りにくっついたりする。同様に，登場人物は心という内面を持たないし，白雪姫が継母の同じようなわなに三度もはまるように，学ぶということもしない。人間性を語るにしても，具体的な行為のエピソードで表され，その行為とは，たとえば，竜や鬼を退治するなどの英雄的行為とか雀の舌をちょんぎる（「舌切り雀」）とかの残虐行為である（小澤（1999: 133））。また，登場人物間の心のつながりもない（小澤（1999: 215））。「桃太郎」の「おじいさんとおばあさん」，「犬，サル，キジ」は，あくまでもストーリー展開に必要とされるだけの「記号」ないし将棋の駒のような存在にすぎないのである。

「平面性」ということから，「時間の次元」も欠けていて，時間の流れがないことになる。たとえば，「いばら姫」は百年の眠りにおちながら，目をさましたときは15歳のままである。また，登場人物の先祖や子孫のことなどの歴史が語られることもない。

> 昔話ではあらゆる形態変化は機械的に突如としておこなわれる。それは発展とか生成，生長，衰微，総じて時間が経過したという感情をおこさせない。　　　　　　　　（小澤（2009: 218））

哲学的に言うと，カント (Kant) 以来，時間は自然現象などの因果関係の上に成立する概念と捉えられてきた。逆に言えば，時間は自然の因果法則を支配するものである。こう考えると，時間がなければ，突然の成長や切られた身体がまた元に戻るというような不思議の数々が起こらない理由はなくなる。

10.6.2. 異質な世界の現出

　上述のように，「語りの時制」である過去形は，話者・聞き手のいる「いま・ここ」からの時間的距離を示すものでないという意味で，「直示的」ではない用法である。それは，英語の場合で言えば「仮定法」と同じように，「別世界」を作り出す働きをしているものである。また，小澤の言うように，時間の流れのない無時間な世界であるから，Fludernik (2012: 82) が挙げているドイツ語の Morgen war Weihnachten. ("Tomorrow was Christmas Day.") という文のように，過去形で未来を指すこともできる。

　上記のように，登場人物や事象を相互に関係づけたり，出来事の生生流転を支配したりする時間の次元は欠落している。そこで，時間経過は，空間移動に投影して示される。たとえば，夜になるにしても，旅の途中で「行き暮れる」という具合である。事件の発生も同様であるから，主人公が旅に出て道中でさまざまな人物や出来事に遭遇するというパターンが多くなる。ついでながら，これは，西洋の「騎士道物語」や，もっと身近なところでは，かつてブームになったゲームの『ドラゴン・クエスト』などと同じパターンである。このようなゲームの人気の根強さも，昔話に見られる普遍的な原型をひな形にしているからではないだろうか。

10.6.3. 出来事の流れと語り口

ここで,「昔話」が過去形(タ形)で語られるということを改めて考えてみよう。上で松村(1996)が日本語の小説について指摘しているように,過去形は筋の展開を推し進めるダイナミズムを持つ。「昔話」は,文から文へと過去形で畳みかけられてゆく「出来事(エピソード)の羅列」の形をとるが,それによって,自然に時間的な順序関係が示唆される。ちなみに,通例,私たちは描写の順番を出来事の順序として把握する傾向があることは,次のような簡単な例からも分かる。

(1) 卵を割った。ガスコンロに火をつけた。
(2) ガスコンロに火をつけた。卵を割った。

(1)と(2)では,「卵を割る」行為と「ガスコンロに火をつける」行為の順序が逆になるというのは自然な解釈だろう。

Fludernik (2012: 79)によると,フランスの言語学者ベンヴェニスト(Émile Benveniste)は,フランス語の単純過去時制(passé simple)で書かれた物語は,「語り手の不在」が特徴であると指摘しているという。すなわち,「出来事は年代順に繰り出されるだけで,だれも語っていない。出来事自体が自分で語っているかのようである」というものである。お伽話の場合はその典型だろう。だからこそ,語り手を越えた「型」がある。極言すれば,「(単純)過去時制」は,「語り手の外の時制」ということになる。第3章2節で,フランス語の単純過去は,複合過去と違って,それで記述される出来事は遠い過去のいわば化石化したことを表すような趣があると述べた。そうすると,このような過去時制は,いまという時間,そしてそこにいる語り手とも切り離されたような感覚を生むのも自然なことと言えるかもしれない。

日本の昔話の語り方を見ると、タ（「過去形」）で畳みかけるほかに、「伝聞」の形で語るものも少なくない。たとえば、「〜だそうな」とか「〜がおったけど（いたそうだ）」のように。松村（1996: 38）は、日本語では、話を伝える際に、「言う」のような伝達動詞の使用がきわめて限られていて、その代わりに「〜って（ね）」などが多用されると指摘している。これは時代によらず日本語に一貫した特徴であると言えるだろう。

　ついでながら、「むかし」とはどれぐらい前か、「あるところ」とはどこか、「おじいさん」と「おばあさん」の名前は何か、などと子供がいちいちうるさく聞き返すという落語があったが、昔話では、こういう具体的なことはいっさい問われない。これによって、物語が普遍性を得ているとも言えるだろうが、むしろ、「昔」についての物語というよりも、時間の流れや因果関係のない「異世界」の話であることによると考えたい。昔話に対して、「伝説」は、特定の場所や時代に関わるものであり、地形や物事の起源など、現在＝現実に結びついているという点で対照的である。

10.6.4.　語り始めの定型

　昔話の語り始めのことばには独特な定型表現が多い。日本語なら「むかしむかし」、英語なら once upon a time というたぐいである。ヴァインリヒ（1982: 131）は、これらの表現は「発話態度」の変更を合図する働きをしているものだと述べている。ヴァインリヒは、さらに、ドイツ語の einmal、フランス語の une fois、イタリア語の una vez などを紹介して、いずれも「あるとき」を意味する表現であるが、「これらは、ある異なったとき（時）を示すのではなく、ある異なった領域を示している」と主張して

いる(ヴァインリヒ (1982: 59))。飯島 (1989: 39) も,「むかし,むかし,あるところに」といった昔話の語り始めの文句は,昔話が時間的空間的にこの世とは隔たった世界,日常生活とは別の次元の象徴的な世界の物語であることを表していると述べている。

さらに,ヴァインリヒは,童話の中の時間と私たちの日常の時間との区別をはっきり示す例として,次のようなイギリスの童話の出だしを紹介している。

> Once upon a time, and a very good time it was, though it wasn't in my time, nor in your time, nor any else's time.
> (むかしあるとき,それはとてもよいときでした。でも,それは私の時間にもないし,あなたの時間にもないし,だれの時間にもありませんが)
> (ヴァインリヒ (1982: 59))

ヴァインリヒは,もう一つ,スペイン語の童話の決まり文句を挙げて,「われわれの日常世界がその時間性という点で,童話の世界からまさにはね返されている」と述べている。

> *Érase* que se *era* ...
> [むかしあるところに ... が<u>いました</u>ということが<u>ありました</u>]
> (ヴァインリヒ (1982: 59),下線は原文)

スペイン語では,このほかに *Érase una vez* (There was a time) という英語などに似た定型表現もあるが,上記の表現は,英語のbe動詞にあたるserの「未完了過去形」を重ねて用いているところに特徴がある。第6章4.5節で指摘したように,「未完了過去」は,ある出来事を直接(直示的に)指し示すのではなく,「過去の世界」を現出させる働きをするものであると考えられる。このような性質を持つ「未完了過去」をいわば2段重ねに

することによって，現実世界との断絶が強調されることになる。

坂部（2008: 128-129）によれば，マジョルカ島の物語の出だしには Aix era y no era（そうだったし，そうでもなかった）という決まり文句があるとのことだし，鹿児島県には，「むかしのことならねぇ，あったかねかったか知らねどもあったことにして聞くのがむかし」という言い方があるそうである。これらには，架空の物語の宣言としての性格がはっきり表れていると言えるだろう。飯島（1989: 39）が指摘するように，「… あったとさ」という伝聞の形をとるのも，語り手が話の真偽に対して責任を負わないという態度表明であろう。つまり，物語とは，そもそも，真偽が問われることのない世界なのである。

10.6.5. 語る場所と時間の特殊性

昔話が語られる場所として，いまでも遠野などではいろりのそばで語りの実演が行われるように，伝統的にはいろり端が定番の感がある。飯島（1989: 38）によれば，かまどやいろりという屋内の火をたく場所は，異界に通じている特別な場所であるという。また，語る時間についても，「昼むかしの禁忌」といって，「昼むかしはネズミが笑う」，「昼語りすると裏山が崩れる」，「天井から血のたれる片脚が下がる」などと，昼に語ることはタブーとされた（飯島（1989: 36））。すなわち，語るべき時を選ばないと，異界との境界が破れ，この世の秩序が壊れることになりかねないというものである。この「境界」は，第7章7節で述べたように，昼と夜は別の世界であると見なされることとも関係するだろう。このタブーは，笑い話や世間話などの「話」のジャンルに入るものには適用されないことからしても，昔話が異界のことを語る物語であるという性質を映したものであることが分かる。

「鬼のことを話すと鬼が現れる」というように、ことばには「言霊(ことだま)」が潜むのである。

10.6.6. 昔話の結びのことば

　昔話の語り始めが独特な決まり文句で彩られているのと同様に、終わりのことば、すなわち「結び」も、多くの謎めいたことばで充ちている。たとえば、筆者の郷里である東北地方だけ見ても、「どんび　すかんこ　ねぇけど」(山形県最上地方)、「とーびん　からりん　ねっけど」(山形県庄内地方)、「どんどはれ」(岩手県旧稗貫郡)、「こんで　いんつこもんつこ　さげだ」(宮城県登米地方)、「とっぴんぱらりのぷう」(秋田県旧平鹿郡仙北部)などがある。

　このうち、山形県に広く見られる「とーびん」や「とっぴん」は、「頭尾」から来ているという説もあるし、「いんつこもんつこ　さげだ」は「一門が栄えた」という意味だと言われるなど、もともとはそれぞれいわれのあることばだったのだろうが、語り始めの決まり文句と比べると、あまりにも謎めいている。これらのことばの働きはいったいなんだろうか。遠野の「どんとはれ」は、「すべて祓(はら)い」の訛った形だとされ、昔話が終わったあとの「お祓い」の意味があるという。すなわち、一種の儀式的なことばであることになる。語り始めは、いわば神社の鳥居のように「異境への入り口」を示し、一方、結びのことばは、聞き手(とくに子ども)を現実に覚醒させる働きをするとともに、その世界を閉じて「鬼」や異境の世界の住民が出てこられないようにする「呪文」の働きを持っていると考えられないだろうか。

　子どもが「昔話」を最も好むのは4、5歳頃だというが、それを通して、たとえば、鬼が異世界の存在であることを知り、自分

が生きていくことになる現実世界の成り立ちについて学んでいくのだと考えられる。

10.7. 物語の実験的手法

伝統的な「物語」では，上記のように，過去形が「語りの時制」として使用されてきたが，Fludernik (2012: 83) によると，19世紀以来，ある種の物語では，本来の「語りの時制」である過去形と競合する形で，現在形が「物語の過去」として使われるようになり，たとえば，イギリスのビクトリア朝の小説家ディケンズ (Charles Dickens, 1812-1870) の『二都物語』(*A Tale of Two Cities*, 1859) のように，数ページあるいは一つの章にまるごと現在時制が使われる作品さえ現れたという。現在時制＝「説明の時制」を物語に使ったところに，ジャーナリストとしての経歴を持つディケンズの面目躍如があるかもしれない。

20世紀文学では，むしろ，現在形が主要な語りの時制になっているという (Fludernik (2012: 83))。本来なら過去形が使われるはずのところで現在形を使えば，なじみのある日常の用法とずれがあることによって現実とのギャップの感覚がより強まって，フィクション感をいっそうあおる効果があるというのが Fludernik の考える現在形多用の理由である。

新機軸を模索する作家にとっては，ストーリーの内容だけでなく，「語り」を含めた文体も創作の腕の見せどころであり，実験的な手法が編み出される。とりわけ「ポストモダニズム小説」に関して，Fludernik (2012: 85-90) は以下のようなケースを挙げている。「時制交替」によって複数の筋書きを相互に区別したり，1人称と3人称による語りの交叉に使ったり，（物語の中の）

現実の世界に対して,記憶,空想,夢の世界などを区別するために使ったりというケースである。さらに,統語構造のいわゆる「脱構築化」(deconstructing) をするために,過去形や現在形の代わりに仮定法,命令形,不定詞形などを使ったり,文の中心である動詞そのものを削除し,したがって時制を削除したりするような試みもあったという。

ストーリー展開で未来時制が使われることは少ないが,Fludernik (2012: 90-91) はおもしろい例を紹介しているので,最後に,その冒頭部分を挙げておくことにする。その作品は,Michael Frayn の *A Very Private Life* (1968) で,舞台は未来のユートピアの設定であり,will が未来を指すために用いられる。

> Once upon a time there *will* be a little girl called Uncumber. Uncumber will have a younger brother called Sulpice, and they *will* live with their parents in a house in the middle of the woods. There *will* be no windows in the house, because there *will* be nothing to see outside except the forest.
> (あるとき,アンカンバーという女の子がいるでしょう。アンカンバーにはサルピスという弟がいるでしょう。そして,二人は森の中の家でお父さん,お母さんといっしょに暮らしているでしょう。その家には窓はないでしょう。なぜかというと,家の外には森のほかに見るものはなにもないでしょうから)

これでは物語が長く続かないので,やがて過去形に切り替えられるというが,これは上で見た昔話の定型のパロディーであることはすぐに分かるだろう。あえて昔話の伝統にくさびを打ち込もうとした実験的手法と言えるだろう。

第11章　時制と「真理」の関わり

11.1. 時制と発話態度

これまで，時制の役割に関する従来の考え方の根本的な変更を迫るヴァインリヒの洞察も紹介しながら，時制とは，出来事の時間を示す働きと並んで，あるいは，それ以上に重要な役割として，発話態度を示す働きを持つものであることを述べてきた。実際，世界の言語で時制という文法カテゴリーに分類されるものの中には，時間ではなく，ひたすら発話態度を表すために用いられているものもある。こうなると，そもそも時制という名で呼んでいいかどうかが問題になるが，時制とは，現実・非現実，あるいは外的・内的（心理的）を問わず，「世界」を定位する標識だと考えて，これらも同じ範疇として扱うことにしよう。

以下で，もっぱら発話態度を示すケースについて見ていくことにする。

11.2. 引用時制

Dahl (1987: 149-153) によれば，まず，「引用時制」(quotative) と言われるものがある。これは，「目撃していない情報」(non-witnessed information)，すなわち，自分では直接に見聞きしておらず，人づてに得た情報であることを示す文法標識である。

たとえば，エストニア語 (Estonian) で，直説法の動詞と区別して Modus Obliquus（間接法）と呼ばれる動詞形態もこれに相当し，間接的な情報であることを示す標識として用いられる。

(1) a. Kiningas saabus
    （王はお着きになった）［直説法過去］
  b. Kuningas olevat saabunud.
    （王はお着きになった（そうだ））［間接法過去］

(Dahl (1987: 151))

Dahl によると，引用時制は，ブルガリア語，トルコ語，ケチュア語ではフィクションに使われるが，ブルガリア語では，フィクションの中でも民話のような物語に限定され，一般の文学では使われないという。民話特有の表現という点では，日本の昔話の「…とさ」「…だそうな」などと同じ働きをしていると言えるだろう。

引用時制は，その働きだけを見るなら，たとえば，英語の be said に近い。

(2) a. It is said that he is a tough guy.
  b. He is said to be a tough guy.

（彼は打たれ強いやつとのことだ）

ただし，英語の be said は，人づての情報ではなく，自分自身の煮え切らない発話態度を表すことも多く，（そう言いたいが）内容の信憑性に自分は責任を負わないというようなぼかした言い方としても使われる。ちなみに日本語でも，「…だって」や「…とみんなが言っている」のような言い方で，実は自分一人の主張をカモフラージュする場合があるが，心理的背景は似ているかもしれない。また，「引用時制」は，「人づて」に該当する場合は義務的に用いられるのに対して，be said の使用は随意であり，間接的な情報であることが状況や文脈から明らかな場合は，わざわざ使う必要はない。たとえば，天気予報などで知っていて，A typhoon is approaching.（台風が近づいている）などと言う場合である。さらに，be said に代わって，according to …, I hear …, Gossip has it that …（うわさによると）など，さまざまな別の言い方が可能である。この点は，英語の「未来形」とされる will が，文脈によって使われなかったり may や be going to などのほかの表現によってとって代わられたりすることに似ている。

　形を見ると，動詞の屈折形態で表す言語もあるし，助動詞などを用いて「迂言的」に表す場合もある。迂言形では，Dahl によると，完了形（perfect）がこの機能を持つ言語も多いという。また，古くは完了形であったものが「引用時制」に変化したケースや，ブルガリア語のように，もともとは一つの完了形の形が，やがて現在完了形と「引用時制」の二つに分かれたケース，さらにはアゼルバイジャン語とトルコ語のように姉妹語で異なる変化の道をたどったケースもあるという（Dahl (1987: 152-157)）。

　一方，意味内容を考えると，真偽のほどを自分が直接に断定す

るものでないという点で,「引用」は「推論」に近いため,両者の区別が明瞭でない場合もあり,研究者によって分類が異なることもある。たとえば,Comrie (1985) は,Dahl が「引用時制」としているものを,「推論」のカテゴリーに含めている。

上記のように,完了形に由来する「引用時制」があるということは,完了形と「引用時制」および「推論」との関係の近さを示すものでもある。本書の第3章5節で,英語の現在完了は,過去の出来事の真偽判定が現在の状況に照らしてなされるということを示す文法形式であると述べたが,英語の場合も,完了形と「推論」の間にはつながりがあることになる。この結びつきが最も顕著なのは「結果」の用法である。これは,残っている結果に基づいて過去の状況が推定されるというものだからである。

11.3. 証拠時制

英語では,上記のように,架空の話をするのに,現在では were にだけその名残を残す「仮定法」に代わって,「過去時制」を用いるようになっているが,言語によっては,もともと出来事の時間でなく,もっぱら「現実」(realis) か「非現実」(irrealis) かだけを示す標識を持つ場合がある。その代表例がビルマ語で,文末に副詞をつけて現実のことか非現実のことなのかを区別する。現実の標識は -te/thã/ta/hta, 他方,非現実の標識は -me/mã/hma である。非現実の標識は「未来」を表すためにも使われるが,あくまでも本来の機能は「非現実」を示すことにあり,「未来」はその派生的な用法にすぎないと考えられる (Comrie (1985: 45))。ビルマ語では,「未来」は「非現実」に含まれることになる。

第11章 時制と「真理」の関わり　183

　Hewson（2012: 528）は，「現実」対「非現実」の区別を示す標識に「証左的」（evidential）というレッテルを与えている。ビルマ語のほかにも，この標識を持つ言語は少なくない。たとえば，ドイッチャー（2012: 192）は，マツェス族（アマゾン川支流ジャバリ川沿いの密林に居住）の言語は「証拠性」に関して複雑な動詞体系があることを紹介している。すなわち，直接体験か，証拠からの推論か，憶測か，あるいは又聞きかに応じて異なる動詞の形が使い分けられるという。もし正しくない動詞形を使うと「嘘」と見なされてしまう。たとえば，妻が二人いるとしたら，発話の瞬間に二人の姿が見えなければ，「二人いた」（最近の直接体験）と過去形で言う必要がある。もしかすると，発話時点で妻の一人が家出しているかもしれないからというのである。これに比べたら，日本語も英語も，よく言えばなんと大らかで，悪く言えばなんと大雑把だろうか。マツェス族の言語は，「文明社会」の言語と比べて，実証性に関してはるかに厳密で科学的であると言うべきかもしれない。いわゆる未開の地の言語を「原始的」と見なすのは間違いだと認識させられる事例の一つと言えるだろう。

　Hewson（2012: 529）によれば，カナダの原住民の言語の一つであるミクマク語（Mi'kmaq, Micmac）もいくつかの「証左」に関係する標識を持つ。動詞に「証左」の標識がなければ，いわば中立的に「現在」の状況を示す: ewi'kiket ("He writes / is writing.")。一方，「目撃」（attestive）の標識を持てば，自分が実際に体験した過去の出来事を示す: ewi'kikep ("I witnessed his writing.")。また，「推測」の標識なら推測や自分の主観的な考えを述べていることになる: ewi'kikes ("I believe he wrote.")。さらに，多くの動詞が「想像上の時間」，すなわち，「心の世界」

を示す短縮形の語幹を持つという。たとえば,「命令」は wi'kike ("Write!"),「条件」は wi'kikej ("if he writes"),「仮定」なら wi'kikes ("He would write."), また,「未来」なら wi'kiketew ("He will write.") という具合である。この言語では,大きく分けて,客観(現実)vs. 主観(想像)という区別がなされていることが分かる。

「証左性」に関する標識は,北米原住民であるアルゴンキン族の言語にもあり,過去のことでも,話者による直接目撃なのか,それとも推測によるものなのかで区別されるというが,Hewson (2012: 529) によると,初めてこの言語に接した伝道師たちがいずれも単なる「過去時制」として記録したという。これは,自分たちになじみのあるヨーロッパの言語の文法概念を当てはめたということだろう。本書では,英語の「時制体系」がもともとラテン語文法の枠組みや概念を踏襲したものであると述べたが,先入観や既存概念にとらわれずに言語事象を見つめるのは難しいということを,上のエピソードも示している。

11.4. 時制の二重の働き

「引用時制」や「証拠時制」は極端なケースであるが,英語で検証したように,時制は出来事の時間を示す役割のほかに,話し手の発話態度を示す働きもしているわけであり,他の言語の時制やアスペクトの形式にも,やはり「仮定」や「丁寧」を表す用法があるなど,多かれ少なかれ叙法の性質を持っている。このように,時制がいわば「ヤヌスの面」のような二面性を持っているのはなぜだろうか。この性質が数多くの言語で見られるということは,言語の基本的な成り立ちに関係があるのではないかと予想さ

れる。

　この問題を考えるにあたっては，英語の「法助動詞」の用法が手がかりになる。これらは，次のように，(a)「根源的」(root) と (b)「認識様態的」(epistemic) の二つの意味がある。

(3) a.　He may leave now.
　　　　（彼はもう帰っていいですよ）
　　b.　He may be at least 70.
　　　　（彼は少なくとも70歳かもしれない）
(4) a.　He must leave now.
　　　　（彼はもう帰らないといけない）
　　b.　He must be at least 70.
　　　　（彼は少なくとも70歳にちがいない）

だれかに「帰ってもよい」と言えば，その人は「帰ることになるかもしれない」し，「帰らなければいけない」と言えば，「帰るにちがいない」ということを予想させる。すなわち，may の場合は，「許可」が「可能性」を匂わせるし，must の場合は，「義務」が「必然」を匂わせる。論理学の用語を使えば，それぞれの「根元的意味」は「認識的意味」を「含意する」(imply) ことになる。

　この関係を考える上で示唆に富むと思われるのは，第2章の最後に予告したハリデー (Halliday) の「体系文法」(systemic grammar) の枠組みである。文法は言語の働き（機能）に合わせて作られているとする「機能主義」(functionalism) の考えに立つもので，ハリデーによれば，言語には，その使用目的を映して，三つの機能的側面がある (Halliday (1985, 2002a, 2002b))。第一に，話し手が把握した事態（だれがいつどこでなにをどうす

る）を表す「概念的機能」(ideational function)，第二に，その内容を聞き手にどのように受けとめてほしいか（報告なのか疑問なのか命令なのか，などの発話態度）を表す「対人関係的機能」(interpersonal function)，第三に，音（や文字）の直線的な連鎖として表されることばの配列にあたって，どれがテーマでどれが重要な情報なのかなどを表す「テキスト形成的機能」(textual function) である。この文法の仕組みには，第2章で述べた話し手⇔聞き手という関係が明瞭に投影されていることが分かるだろう。ごく大ざっぱに言えば，言語とは，なにを，だれがどうすることを期待して，どのように伝えるかを表すものであることになる。

ハリデー理論によれば，上記の三つの機能のいわば絡み合いの結果が文や談話などの具体的な形をとって現れる言語であるが，時制との関連で注目したいのは，最初の二つの機能である。法助動詞の「根源的用法」（「許可」や「義務」など）は基本的に「概念的機能」に属する一方で，「認識様態的用法」（「可能性」や「必然」）は，自分の推測だという発話態度を示している点で，「対人関係的機能」に属していると考えられる。ただし，may や must の主語を2人称の you にすれば，「許可」や「義務」は相手に対する直接の意思表示となって「対人関係的機能」に集束される。

では，時制はどうだろうか。出来事を時間的に整理する働きは「概念的機能」の現れだと言える。一方，「現実」対「仮想」を含んで，真偽に関するコミットメントや「丁寧」などを表す働きは，上記の法助動詞やさまざまな「法」の副詞 (surely, perhaps など) および疑問文・命令文などの構文とともに，「対人関係的機能」の現れだと考えることができる。その結果，時制は，

言語の異なる機能的側面を反映して，二重写しになった姿を示すことになるというわけである。

三つの機能はいわばより糸のように密接に絡み合っていると考えられることも重要である。そうすれば，いわゆる「経済性の原理」に基づいて，ある一つの言語要素が複数の機能を担うのは自然なことだと考えられるからである。

さらに，英語の Yes-No 疑問文では，次のように，時制を担う要素である be 動詞や代動詞 do を含む助動詞が文頭に置かれる。

(5) a. Are you traveling alone? （一人旅ですか）
    b. Do you have any idea? （なにか考えはありますか）

ハリデー理論によれば，「テキスト形成機能」において，文頭はその文の「テーマ」(theme) の定位置だが，Yes-No 疑問文は，時制によって表示される「真偽」がまさに文のテーマであり，それが問われていることを明示する形だと言える。こうして，少なくとも英語の場合，時制は，言語を形作る三つの機能のどのステージにおいても，いわば一人三役として異なる顔を見せながら活躍していると言えるだろう。

まとめとして，次の例で時制を担う助動詞 do の部分だけに注目して，三つの役割を整理しておこう。

(6) *Do* you have anything to declare?
    （申告する物はありますか）
    (A) 概念的機能：現在の出来事であることを示す。
    (B) 対人関係的機能：相手に対する質問であることを示す。
    (C) テキスト形成機能：文のテーマは真理値（true of

false）であることを示す．

11.5.「時」が真理値に関わる理由

「引用時制」や「証拠時制」はともかくとして，時制が明らかに出来事の時間を表す言語でも，その時制がどうして真理の判断に関わるのだろうか．一般論として，なにかの判断にあたっては基準となるものが必要である．たとえば，長さや重さを表す度量衡がそれである．空間的な方位や位置なら東西南北という絶対的な基準があるし，地球規模では緯度や経度という網目がある．目に見える目印としては，たとえば，北極星でもいいし，なんらかのランドマークでもいい．いずれにせよ，基準となるものは，相手にも分かるものや社会などで共通認識のあるものでないといけない．

では，「真理標識」としての時制の拠り所となっている時間はどうだろうか．幸い，時間については，私たちはどこでもだれにでも同じ速さで進んでいるという観念を持っている．物理的に言えば，宇宙のどこでも同じ時間が流れているというニュートン的な時間像である．これは，アインシュタイン（Albert Einstein）の相対性理論によって否定されたが，私たちの常識は依然として変わらない．このように，私の時間もあなたの時間も同じだという意識があって初めて，時間を共通の物差しとして使うことができる．こうして，出来事の時間を表す時制は，そのまま真理標識としても使うことができるというわけである．

第 12 章　非対称な過去と未来

12.1.　未来と過去の細分化

　「現在」は，「現時点」のように一点とみなされる場合もあれば，「今日」「今月」「今世紀」から，仮に宇宙の生成消滅が繰り返されるという考えがあるとしたら，「いまの宇宙」のように言うこともできるだろうし，何と対比させるかで，その広がりの幅は融通無碍で際限がない。それでも，「現在」は「現在」であり，その中は時間的に等質なものとして意識され，「近い現在」や「遠いいま」とは言わない。

　一方，「未来」と「過去」は，「遠い過去」「近い未来」のように，その内部で遠近の区別をすることができる。では，このような遠近は，時制としても表されるのだろうか。また，「過去」および「未来」という領域を時制によって細分化する場合，どのような区切り方があるのだろうか。

　英語には「大過去」（過去完了）というものがあるが，それは，第 3 章 6.1 節で見たように，あくまでも過去のある出来事ないし時点に対して相対的なものであり，ある特定の時間範囲を指すも

のではない。しかしながら、言語によっては、現在からの距離に応じて絶対的な区分を施し、それぞれを異なる時制標識で表す場合がある。そのような言語の中には、現在を中心として同数ずつ区切るものがある。このタイプには、第1章2.2節で触れたネズ・パース語（Nez Percé）のほかにケニアのカンバ語（Kamba）がある。この言語では、「過去」「未来」とも3区分され、次のようになる（Dahl (1987: 121-122)）。(1) 直前の過去：その日の内、(2) 最近の過去：前日〜1週間程度、(3) 遠い過去：数ヶ月以内またはそれ以前。一方、未来は、(1) 現時点〜当日中、(2) 発話の後〜数ヶ月、(3) 2, 3ヶ月より後。なお、「当日」を除けば、「過去」と「未来」の区分点は一致していないし、「未来」には重複があってあいまいであることが分かる。もっと細かい区分を持つ言語として、カメルーンのバミレケ語族（Bamileke）の中には、過去、未来とも5つに区分するものまである（Comrie (1985: 87)）。

未来と過去で時制の数がアンバランスな言語もあり、たとえば、タンザニアのハヤ語（Haya）では過去時制は三つ、未来は二つである。具体的には、過去は、(1) 今日の早い時間の出来事、(2) 昨日の出来事、(3) 昨日よりも前の出来事。一方、未来は、(1)「近い未来」として今日のこれからか明日、(2)「遠い未来」として明日よりもあと、で線が引かれる。ただし、とりわけ未来の線引きは主観的で流動的であり、来月のことが「近い未来の時制」で表されたりするという（Comrie (1985: 29)）。これは、「未来」とは想定の領域であるから、話し手が出来事をどれだけ確実視しているかなどの要因によって左右されるためであると考えられる。

このようにあやふやな性質のある「未来」に対して、「過去」

は比較的きちんと区分けされ、しかも、その区分も未来に比べてずっと細かいことが多い。そこで、過去の区切り方の例を以下に見てみよう。

12.2. 過去の仕分け

過去時制に具体的な時間的分岐点があるとき、最も典型的なのは「今日」(hodiernal) と「昨日およびそれ以前」(non-hodiernal) という区切りであり、これはアフリカのバントゥー諸語 (Bantu) に多く見られる特色だという (Dahl (1987: 125))。ヨーロッパの言語でも、「今日」(近い過去)と「それより前」(遠い過去)という区別がなされることがある。Dahl (1987: 125) によると、フランス語では、17世紀にポール・ロワイアル (Port-Royal) 修道院で編纂された文法書 (『ポール・ロワイアル文法』) に、「複合過去と単純過去の違いは、前者が今日、後者がそれ以前に使われる」と記されており、それぞれ J'ai écrit ce matin. ("I wrote this morning.") と J'écrivis hier. ("I wrote yesterday.") のように使い分けられた。17世紀には時間的距離によって異なる文法形態が使われていたことになる。けれども、現代フランス語では、第3章2節でも述べたように、複合過去の守備範囲が拡大して単純過去が追いやられる結果となって、この区別は失われ、現代フランス語の「複合過去」と「単純過去」の使い分けには時間の遠近は重要でなくなっている。一方で、英語の現在完了は「今日中」なら使われる場合があるし、スペイン語などではその特徴がいっそう強いことから、「今日」対「昨日以前」という区別は今なお息づいていると言えるだろう。

なお、「今日」と「昨日」の境目は文化によって異なりうる。

日の出や日没を基準にするとしても,季節によって変動するから,江戸時代の「一刻(いっとき)」の長さは「不定時間」として季節ごとの昼と夜の長さに合わせるものであったし,現代のように午前0時を1日の起点にするにしても,それも「夏時間」で移動されるように,単純な話でないことが分かるだろう。「朝」「昼」などの境目も同様で,ベンガル語(Bengali),キクユ語(Kikuyu),ケチュア語(Quechua),ズールー語(Zulu)などでは,「今朝」に対するそれぞれ独自の時制を持つ(Dahl (1987: 125))。

　日の区切りはともかくとして,「過去」を細かく時制区分する例をComrie (1985) が記録している言語から拾ってみよう。まずは,5つの時制区分を持つ南米ボリビアのアラオナ語(Araona)である。時制を表す動詞接辞とそれが示す時間帯を示してある(Comrie (1985: 99))。

1) -iqui: 近い過去,同じ日
2) -a: 近い過去,1日〜数週間前
3) -asha: 数週間から数年前(複数の出来事にも)
4) -ana: 遠い過去
5) -isaa: はるかな過去

この言語では,時制標識は異なっても指し示す時間帯には重複があるし,その時間帯にもかなりの幅があり,さらに,「遠い過去」「はるかな過去」となると,いったいどれほどの「遠さ」なのかまったく茫漠としている。

　一般に,複雑な過去時制を持つものはアメリカ先住民言語(Amerindians)に多く,中でもキクシュト語(Kiksht)では,基本的に「今日」「今年」などで区切られる時間帯が四つあるが,時間的距離を表す接頭辞(ga-やni-等)と「早い／遅い」

を意味する接辞（u-／t-）との組合せによって，6種類とも7種類とも言われる過去が区別される（Comrie（1985: 99-100））。時間的に遠い順に示すと次のようになる。

① ga(l) ...u-（遠い過去）
② ga(l) ...t-（1〜10日前）
③ ni(g) ...u-（1週間〜1年前）
④ ni(g) ...t-（先週）
⑤ na(l)-（昨日〜2，3日前）
⑥ i(g)-（今日のうちの今より前）［?i(g) ...u- そのうち比較的早い時／?i(g) ...t- たった今］

さらに，「遠い過去」は，個人的経験の領域と神話時代に属する領域が区別されるという（Dahl（1987: 123））。いわば「世界」を分ける質的な区分まで含まれていることになる。

12.3. 心理的距離

　上で，ハヤ語（Haya）の未来時制の使い分けは主観に左右されうることを見たが，これはほかの言語のほかの時制にも言えるようであり，いろいろな言語で，心理的な要因によって時制を使い分けたり特別な標識を付け足したりする。すなわち，物理的な時間は遠い場合でも，心理的には近い出来事に感じられるとか，または，その逆，というような場合である。

　これを端的に表すのが，北西コーカサス言語の「関心の地平」（horizon of interest）と言われるものだろう。これは，当該の出来事に関して，話している場所からの物理的距離のほかに，自分の社会集団（同族）内のことか，それともよそのことかという心

理的距離に応じて異なる接辞が付与されるというものである (Dahl (1987: 124-125))。

また，リムーズィ (Limouzi) という言語では，たとえば，「私が借りを返したら彼らは私を放免した」と言う場合，「複合過去」と「単純過去」の2通りの言い方が可能だが，「複合過去」のほうは，当事者がまだ同じ場所にいるときだけ使われるという (Dahl (1987: 124))。この「複合過去」は，英語で時間的近さを強調する現在完了の「ホットニュース」用法を，いわば空間に置き換えたようなものだろう。

同様に，いわゆる北米インディアン言語に属するネズ・パース語の時制にも心理的要因が働く。たとえば，「…が死んだ」(hitunúxne) (ヒトヌフネ) と語る場合，その対象に応じて接辞が使い分けられる（青木 (1984: 209))。

a. 私がまだ三つのとき，母が死んだ。[+m]
b. 隣の犬が死んだ。[中立形]
c. 彼は，故郷の山河を見ることなく，異郷に死んだ。[+ki]

この場合，(a)，(b)，(c) の順に心理的距離が遠くなり，肉親の死には，近所の犬などとは異なる心情を示す特別な接辞が用いられ，(c) のように空間的にも遠い他人事の出来事には，それを表すための別の接辞が用いられる。時制とは，結局，心理的距離を表す里程標であることを物語る好例だろう。

12.4. 現在と未来／過去とのつながり

では，「未来」および「過去」と「現在」との関係はどうなの

だろうか。言い換えると，互いの「つながり具合」ということになるが，いわば3両編成の列車のような物理的なイメージとは異なって，現在と未来のつながり，現在と過去のつながりは，言語によって同じではない。少なくとも時制の構成を見る限り，ある言語では，現在と未来は密着しており，また別の言語では，現在は過去と溶け合っている。

　第5章2節と第6章3節で見たように，英語では未来は現在とのつながりが強い一方で，過去は現在から隔絶した閉ざされた世界として捉えられている。英語に限らず，第1章2.4節で触れたように，多くの印欧語では，「過去」に対して現在・未来をひとくくりにした「非過去」（Non-Past）という区別が基本的だという。英語における現在と未来のつながりを示す一つの根拠として，「予定された未来」は単純現在形で表すことができるという事実があるが，これも第5章2.1節で述べたように，ドイツ語などでは未来のことを現在形で表す傾向はいっそう強い。

　対照的に，現在は過去と密接に結びついて，未来と区別されるという場合もある。すなわち，時制標識としては過去と現在の区別がなくて同じ動詞形で表し，未来に対しては別の標識を持つという言語である。DahlやComrieによれば，世界を見渡すとそのような言語は決して少なくない。オーストラリア先住民のジルバル語（Dyirbal）がその代表例であるし，世界中の言語の百科事典である亀井（編）（1988-2001）などを見ても，いわゆるアメリカ先住民言語に多い。

　仮に上記の対照的な二つのタイプをそれぞれ英語とジルバル語で代表させるなら，概略，次のような関係になる。

　　英語型：　　　　［過去］［現在・未来］（Past 対 Non-Past）

ジルバル型：［過去・現在］［未来］（Non-Future 対 Future）

なお，Comrie によれば，「過去」と「未来」が同じ時制標識で表されるという意味で「現在」対「非現在」という時制を持つ言語は知られていない。一見するとこれに該当するのがパプア・ニューギニアのブイン語（Buin，別名 Terei）で，ŋkoti という同じ形態が「未来」と「（近い）過去」に使われるが，未来には toi という副詞が義務的に付加されることで過去と区別される（Comrie（1985: 50））。過去と未来に同じ形態が使われるということには，第 1 章 2.2 節で触れたいくつかの言語と同様に，「円環の時間」イメージが顔をのぞかせていることを感じさせる。

12.5. ウォーフのホーピ語観

　「ジルバル語型」の言語で，かつて言語学界に大きな波紋を巻き起こした例に，ウォーフ（Whorf）が 1930 年代に紹介したホーピ語（Hopi）がある。ウォーフは，ホーピ語には時制がなく，そもそも時間観念さえないと発表して，それがセンセーショナルなことになったのである。時制の代わりに，ウォーフは，「顕現された」（manifested）対「顕現されていない」（un-manifested）という区別があると考えた。単純に考えれば，それぞれ「過去・現在」と「未来」に対応するものであり，「顕現された」が特別な標識を持たないのに対して，「顕現していない」には -ni という動詞接辞が使われる。

　では，時制とウォーフの言う「顕現された・顕現されていない」という範疇はどう違うのだろうか。ウォーフによると，「顕現されていない」ものも，すでに潜在的には存在していてやがて

「顕現される」というのである。こう考えれば，英語などにおける「未来」とは異なるし，「過去」も，英語と違って失われていないという点で異なる。しかし，第7章2節で述べたように，日本語の「過去」を表すとされる「た」は，時間的な経過というよりも，今までなかったものが現れたことや現実として確定されたこと，あるいは意識の中に現れたことを表すと考えることができる。さらに，世界の言語を見回しても，「時制」というのは「叙法」と重なるものであり，さまざまに心理的な要因を含むものとして，より柔軟に考える必要があると主張した。そうすると，ウォーフが時制ではないとしたホピ語の二つの範疇も，「時制」に含めて差し支えないと思われる。

実際，マロトゥキ（Malotki）は，丹念な調査に基づき，ホピ語には「明日」「夕べ」などさまざまな時間表現があることを指摘してウォーフ説を否定した上で，上記の -ni という接辞は「未来」を表す標識であると判断している（Malotki (1983)）。結局，ウォーフは，時制とはひたすら時間を表すものだという西欧の伝統的な考えに囚われすぎていたのではないだろうか。いずれにせよ，ドイッチャー（2012: 176）によると，ウォーフのホピ語の調査は，ニューヨーク在住のたった一人のホピ族の人をインフォーマントにしただけだったという。

12.6. 得体の知れない未来

範疇名はともかく，ウォーフの考えによると，昨日あって今日ないことは私たちの常識では「ないこと」に入るが，ホピの人々にとっては「あること」に入る。このような事態を，真木（1981: 15）は「過去は帰無することなしに現在し続ける」と言

い表した。いわば、過去は現存しているという意識である。

一方、現在から隔絶された「未来」とは、すでに自己が立脚している「現在＋過去」と次元の異なる不可知の世界であり、英語で言えば過去形で表される「仮想世界」と同じような実体のないものである。いわゆる白人が数日先の天候について語ったら、原住民から予言者かと驚かれたという話を何かで読んだ記憶があるが、未来は「接近不能領域」であるから、そこの出来事の成り行きを予想したりはできないはずである。第1章2.3節と2.4節で述べたように、出来事そのものの展開の中に時間を感じる「上昇時間」の性質を持つ英語などでは、未来の予想や計画は当たり前の営みだが、未来＝別世界という意識のもとでは、自力で未来を切り開くなどという発想もなじまないことになる。したがって、「良い未来」を招来するためには、計画や立案という手段に代わって、祈りや儀式が行われることになる。たとえば、映画『ダンス・ウィズ・ウルブズ』(*Dances with Wolves*, 1990) にも描かれる「サン・ダンス」(sun dance) というものがある（ジャカン (1992: 106-107)）。これは、若者の勇気を試す儀式とも言われるが、太陽を凝視したまま踊り続けたり、自分の手足を切り裂いたりすることによって、神などの聖なる力が踊り手の痛みに感じ入って援助の手を差し延べることを願うものだとされる。この「奇習」の過酷さが物語るのは、未来とはそれほどまでに畏怖すべき彼岸なのだということだろう。私たちの取り戻せない過去に対する嘆きと対照的に、何が起きるか分からない未来への恐怖心が現れている。作物の実りや獲物となるバッファローの季節移動が来年もあるという保証はないのである。

このような意識を原始的だとか野蛮だとか言って見下すことはできるだろうか。私たちだって神社にお参りするし、占いに頼っ

たりする。「ノストラダムスの大予言」も，かつての日本で（とくに 20 世紀末に）大ブームになった。けれども，たとえば，2011 年 3 月 11 日の東日本大震災を前もって言い当てた人はいただろうか。ついでながら，以来，専門家の間では「地震予知」という用語に関して議論が起きたし，予言書の類も本屋からほとんど姿を消したように思われる。

12.7. 過去と大地のつながり

「過去」は現在とつながっているだけではない。「現存する過去」という意識は，なんと，人間と大地や自然との一体感にも結びついてゆく。では，その一体感とはどんなものだろうか。たとえば，それは北米の都市名にその名を残すアメリカ北西部の先住民部族の首長シアトル（Seattle）のことばにも現れている。1854 年，合衆国 14 代大統領フランクリン・ピアス（Franklin Pierce）が土地の割譲を迫ったとき，シアトルは，大地のすべてのもの，森も浜辺も動物も虫も，自分たちの歴史を刻む神聖なものであり，大地は「母」であるから，売ったり譲ったりするなどということは想像もつかないという旨の書簡を送っている（高橋 (1994: 133)）。

比較的最近でも，プエブロ族と共に暮らす来歴不明の詩人ナンシー・ウッド（Nancy Wood）は次のように歌い上げている。

> わたしの部族の人々は，一人の中の大勢だ。
> たくさんの声が彼らの中にある。
> 様々な存在となって，彼らは数多くの生を生きてきた。
> 熊だったかもしれない，ライオンだったかもしれない，

鷲，それとも岩，川，木でさえあったかもしれない。

誰にもわからない。

とにかくこれらの存在が，彼らの中に住んでいるのだ。

(ウッド（1995: 78))

　土地を奪われた「インディアン」の絶望ぶりは「西洋的合理精神」にはまったく理解し難いものだったと言われる。仲間が次々と倒されるのを見ながらも，蟻や蜂の群のように襲いかかる戦士たちが，土地を追われたとたんに虚脱したように降伏するという不思議。

　個人的な命の終わりは「死」を意味するものではなく，むしろ「新たな生」につながるものだと信じられていたのであり，大地こそが生とアイデンティティの拠り所だったからだとされている。大地との絆は，彼らの神話の重要なモチーフにもなっている(Burland (1985))。個人の命の終わりではなく，いわば大地と結ばれた臍の緒を引きちぎられるときこそ，完全消滅としての私たちの考える「死」に相当する危機的状況なのである。

　デラウェア族の予言者ネオリンの次のことばが，土地を奪われるということの意味を伝えている。「白人はわれわれの国を取り上げただけでなく，われわれが死後行くべき美しい天国への道をも取り上げた」(富田 (1986: 93))。

　なお，真木 (1981: 83-85) は，アフリカにも「大地」と「時間意識」との密接な結びつきが見られることを指摘して，これは「原始共同体」に共通する特色であることを示唆している。時間と空間に関する概念は世界観や宇宙観に結びつくものであるから，「過去」と「大地」とのつながりという意識があっても不思議ではないかもしれない。また，仏教の輪廻にも似たこのような

12.8. アイデンティティの拠り所

12.2節で述べたように,「アメリカインディアン語」には, 現在からの「距離」に応じていくつもの過去時制を持つものも少なくない。一般に, 言語は, その文化にとって関心のあるものや重要なものほど詳しい観察に基づく細かい区分を施す。そうだとすると, 幾重にも区分された過去というのは, その文化にとって, それだけ大きな意味があることを示唆している。家族や部族の歴史を刻むと言われるトーテムポールのように, 過去は積み重ねられて, いわば盤石な歴史的地層を形成し, 現在を支えていると言っていいかもしれない。現在と過去との融合を特色とする「原始共同体」の時間では, 部外者にはどれほど荒唐無稽な世界観に見えようとも, 自分は大地や自然とつながっているのであり, そのおかげで祖先との連関が断ち切られることはなく, 自分の来歴やアイデンティティを見失うこともない。

一方, 英語のように「過去」は失われた世界だと見なす時間意識は「近現代人」に広く共有されてしまったようだが, 時間は止めどなく過ぎゆくことで私たちの来歴を消し去る。「アイデンティティの危機」ということで言うなら, 哲学者ニーチェ (Friedrich W. Nietzsche, 1844-1900) の有名な「神は死んだ」ということば (1882) に集約されるキリスト教の信仰の揺らぎは, 近代ヨーロッパ社会に大きな打撃を与えたようである。それまで神という絶対的な存在を信じ, 神との関係に自己のアイデンティティや社会の価値観を求めてきた人々が, その支えを失った

ときに何を拠り所にすればよいのだろうか。

そのような心の不安に、いわば一つの答えを示しているのが、プルースト（Marcel Proust, 1871-1922）の『失われた時を求めて』という長編小説だと思われる。物語の冒頭部分で、主人公は、紅茶に浸したマドレーヌの香りを嗅いだとたん、前にも同じ経験をしたということがふと頭をよぎったのをきっかけに思い出があふれるように湧きだし、なんとも言えない幸福感に包まれるというエピソードがある。そして、自分は現在にいるのか過去にいるのかが分からなくなって時間を超越したような感覚を味わう。それは、過去という「失われた時」が取り戻された瞬間ということになるだろう。我田引水になるかもしれないが、この過去と現在の融合およびそれによる心の充足は、上記の「アメリカインディアン」の時間意識に通じる感覚があるように思われる。

12.9. 非対称な「砂時計」

12.4節に記した「英語型」と「ジルバル型」の時制の対照は、ひと言でいえば、「接近可能領域」と「非接近可能領域」の境界線が時間軸のどこに引かれるかということになるだろう。

砂時計になぞらえるなら、「英語型」に見られる近代語の「現在」は中央のくびれ（オリフィス）よりも上の部分にあたる。一方、「ジルバル型」の言語では、「現在」はオリフィスの下の部分に相当する。上から下へ行くことはできず、下の世界の様子はこぼれていった砂粒の記憶を頼りに知ることができるだけである。下から上へも行くことができず、上の未知の世界の様子はこぼれてきた砂粒という予兆を手がかりに推し量るだけである。けれども、オリフィスのどちら側にいるかによって、生の営みは、まる

で異なった感覚を伴うのではないだろうか。すなわち，生きるにつれて欠け落ちてゆく現在と，生きるにつれて厚みを増してゆく現在。

　政治経済的にグローバル化した時代に生きる私たちは，時間意識の上でもその波にさらされている。「近代化した時間」は，第5章3節でも述べたように時間的疎外という「現代病」を引き起こすことも少なくない。「近代化」とは，物質的な豊かさと生活の便利さと引き替えに，人間を大地と天空を経巡る円環の時間の外へ引きずり出して，足下の岩盤を流砂に変えるもう一つの「楽園追放」だったかもしれない。

第13章　時制と「世界の見え方」：まとめに代えて

13.1. サピア=ウォーフの仮説

　前の章では，時制区分と世界観について述べたが，言語の構造と世界の認識との関係という点で，「人間の認識・思考は母語によって影響される」という「サピア=ウォーフの仮説」（Sapir-Whorf Hypothesis）と呼ばれる考えを思い起こさせる。第12章で述べたことは，この「仮説」にどのように関係するだろうか。最後に，この問題について考えることにする。

　前の章では，ホピ語に関するウォーフの見解を紹介したが，ウォーフは，ホピ語などの現地語と英語を含む西洋の近代語との間には，「埋めることのできない，翻訳不可能な（incommensurable）ほど深い溝がある」として，「物理的に同一世界を見るすべての人間が，必ずしも同一世界観に導かれるとは限らない」（ウォーフ（1978: 214））との結論に至る。「サピア=ウォーフの仮説」は，ウォーフに加えて，やはり同時代のアメリカの言語学者で，「私たちが現実と思っていることは私たちの言語習慣によって無意識に作り上げられるものだ」と主張したサピア（Edward

Sapir)の名を冠して呼ばれるようになったものである。チョムスキーが言語の普遍性を主張して,それが広く支持されるようになると,まるで迷信を見るような目を向けられることさえあった言説だが,現在の評価はどうなっているのだろうか。

たとえば,今井(2010)は,いくつかの実験による「仮説」の検証を紹介している。その一つは色の知覚実験で,「緑」(green)と「青」(blue)を名称の上で区別する英語と,その区別のない言語の話者を対象にして,中間的な色の判定を行わせたところ,色名は色の知覚にバイアスをかけることが分かったというものである(今井(2010: 65-66))。ほかに,英語のような可算名詞と不可算名詞の区別のある言語と日本語のようにその区別のない言語の比較でも,可算・不可算の区別の有無がものの分類の仕方に影響を与えたという。結論として,今井(2010: 99)は,次のように述べている。

> 色やモノの認識では,言語による話者の違いは,広範囲に及ぶ本質的なものではなく,カテゴリーの境界をゆがめたり,分類のときに注目する知覚特徴が少し変わったりする程度といえそうである。

オーストラリアのグーグ・イミディール語(Gugu-Yimidhirr),メキシコのツェルタル語(Tzeltal)のように,「右」や「左」に相当する語がなく,位置関係を「東西南北」という方位に基づいて表す言語が存在することが知られているが,そのような言語使用者の方位感覚が,英語や日本語のように,「左右」を区別する語のある言語の使用者に比べて,はるかに優れているとの報告もある(井上(1998: 32-34))。

ドイッチャーは,『言語が違えば世界も違って見えるわけ』と

いうタイトルの本で，言語が「世界の見え方」に影響していることは前提とした上で，その原因や仕組みを探ろうとしている。上記の「方位」の問題に関するドイッチャーの見解は，四六時中地理座標系を使う結果として，絶対的方位感覚とそれに呼応する記憶パターンが養われるというものである（ドイッチャー（2012: 238））。その上で，「私たちの社会の言語習慣が，言語を超えた思考の諸相に影響を及ぼすのはたしかだが，母語の影響はむしろ，ある特定の表現を頻繁に用いることで培われる習慣にこそある」と結論づけている（ibid.: 290）。この主張にあたって援用しているのが「言語の違いは基本的に，なにを伝えていいかではなく，なにを伝えなければならないかということにある」という言語学および文学理論の権威ロマーン・ヤーコブソン（Roman Jakobson, 1896-1982）のことばである。このような言語による足かせを，ドイッチャーは「言語の強制力」と呼ぶが，池上は，ウォーフの翻訳書（1993: 305）の「訳者解説」で，同じ趣旨のことを「言語のもつ強い義務性，支配力」ということばで述べている。いずれにせよ，これは，本書の冒頭で紹介したクワインの嘆き，すなわち，時間なんか意識しないときでも，英語を話すにはいちいち時制を使い分けなければならないということばを思い起こさせる。

13.2. ことばの強制力

誤解を恐れずに言うなら，言語の構造は道路網に似ている。言語がないと世界に対する私たちの認識は混沌きわまりないだろうと考えるウォーフなら，その道路網はまったくの原野に言語ごとに思い思いに敷かれると言うだろうが，チョムスキーの言うよう

に，人間の認知能力や言語能力の基本は遺伝的に決まっていると考えるなら，いわば基幹道路のパターンはどの言語でも同じであり，言語の差異は，支線や脇道の部分に現れるということになるかもしれない。いずれにせよ，ある概念に対する語彙や表現があるという意味で，その言語で「道路」がまっすぐに通っている場所にはスムーズにたどり着けるが，そうでなければ，回り道，すなわち回りくどい言い方をしなければならない。これは，外国語を使おうとするときに経験するもどかしさである。ちなみに，安井 (2008: 223) は，英語を話す極意として，英語で表現できないことは惜しみなく捨て去れと述べている。言語の本質を言い当てて妙である。ただし，該当することばがないから，その対象を理解したり，認識したりできないという意味ではないことは強調しておかなければならない。一方で，ある対象を指すことば（語彙）があれば，そうでない場合よりも，その対象が意識に上りやすいということもたしかである。

　上記の道路網は，ドイッチャーの言う「言語の強制力」に当たるもので，道路の比喩を使ってドイッチャーの主張を言い表すなら，その上を走り続けているうちに「習慣」が形成され，それが認知のバイアスを引き起こすということになるだろう。

13.3. 世界観との関わり

　「サピア=ウォーフの仮説」には，認識・思考は言語から独立したものであるという反対意見もあるし，擁護派の中にも，語彙の問題なのか統語構造も絡むのか，影響の程度はどれくらいか，等々，ありとあらゆる考え方がありうる。「思考・認識」の代わりに，ドイッチャーの本のタイトルにあるように「世界の見え

方」という言い方もよくなされるが,その場合,まずは「見え方」とは何を意味するかということを明確にしておく必要がある。たとえば,生理的・感覚的な視覚の問題なのか,あるいは,高度な知的活動である「認識」まで含むのか。今井やドイッチャーが念頭に置いているのは「知覚」や知覚を伴う「認知」のことであり,単なる生理現象でもないし思考が大きく関与する「認識」とも区別しないといけない。こう言いながらも,「思考」「認知」「認識」などのことば自体にもあいまいさや重なりがあるので,厳密な線引きはやはり難しい。

では,時制と「知覚・認知」の関わりはどうだろうか。たとえば,時制区分の多い言語を使う人々はそれだけ細かい時間区分に敏感になるのだろうか。残念ながら,この答えは知らないし,関連する実験報告も知らない。第1章2.4節でも見たように,外的要因や心理状態によって,私たちの時間の感覚が変わるのは事実である。ちなみに,アインシュタインは,「時間の相対性」とはどういうことかと聞かれて,「美人といっしょにいると時間はあっという間に過ぎるが,熱いストーブの上に座っていたら時間はものすごく長く感じる」と語ったというエピソードがある。

ここでは,時制と「世界観」との関わりについて考えているが,これは,「知覚」や「認知」の問題とは別のレベルの話であることに注意しなければならない。すなわち,これは「信念」の問題であり,「世界観」の形成には,社会の成り立ちや価値観,宗教,風土など,さまざまな要因が複合的に働いているはずである。ただし,語彙に限って言えば,ある対象が当該の文化にとって意味があるなら,言語による名付けや分類が行われることになる。時制も例外ではないだろう。その区分には,当然,おのおの意味づけが施されているはずであり,上で述べた未来と過去の例

第 13 章　時制と「世界の見え方」：まとめに代えて　　209

もそれに当たる。部外者には荒唐無稽で無意味なものに見え，あるいは「理解不能」であると思われても，文化ごとに異なる信念と世界観があるのは事実である。仮に「世界の見え方」というときの「見え方」の意味をここまで拡大解釈するなら，文化によって「世界の見え方が異なる (the world looks different)」ということになる。まずは「見え方」ということばをきちんと定義する必要があると上で述べたのはこのためである。

　「サピア=ウォーフの仮説」を極端に解釈すると，言語が違うと世界の生理的な見え方や感じ方（感覚）も違うはずだということになるが，そんなことはないと断言してよいだろう。たとえば，「エスキモー」の人々の三角形に対する反応は他民族よりも敏感だとか，「ブッシュマン」の視力が並はずれているとか，生理的な違いがあるとしても，それは，三角形のテントに住んだり，広大なサバンナで遠くの獲物を探したりという生活様式によって養われた感覚にほかならず，言語とは無関係である。ドイッチャー (2012: 175) の言い方を借りるなら，英語の It rains. に対して「雨が降る」のように異なる表現をするからといって，雨降りを生理的・感覚的に違う形で経験することにはならない。

　信念および世界観に話を戻すと，時代や生活環境が変われば，それらも変わって当然だろう。それに伴って，たとえば，言語による世界の「仕切り方」も変わり，新たに必要だと思われる区別には新しい名前が付けられるだろうし，逆に，不要になったと思われる区別は，言語の上でも消失することになる。たとえば，第7章で述べたように，古代日本語には，過去を表すとされる助動詞はいくつもあったが，やがて「たり」の変化形である「た」だけが残った。この原因を，山口 (1977: 132) は，「時の感覚が一つになったため」ではないかと推測している。英語のさまざま

な「叙法」の消失も同じだろう。形は同じでも，異なる用法や意味づけが与えられる場合もある。たとえば，フランス語の「複合過去」と「単純過去」もそうだし，英語の進行形の用法が増えてきたのもその例である。他方，英語の「未来時制」としてwillが定着したからと言って，英語を使う人たちの未来に対する観念に変化が生じただろうか。まして，「世界観」は変わっただろうか。結局，時制に関する限り，その区分と，各区分に対して与えられる意味づけは分けて考えざるをえないだろう。言語による「世界の仕分け方」にはなんらかの意味的な裏づけがあることは確かだとしても，同じような時間の区切り方をする言語の間で，意味づけまでもが同じだとは言えない。

　本書では，中国語のように「時制」を持たないと考えられる言語もあるし，あるいは，私たち自身の日本語を含めて，一般に考えられているような「時制」とは異なる仕方で出来事の時間的性質を表す言語も多いということを見てきた。Comrie（1985: 4）が指摘するように，ウォーフの決定的な誤りは，文法的に明白な時制体系がないホーピ語には，時間の概念もないと短絡的に決めつけた点にある。ウォーフも，英語を含む西欧の言語の時制体系の概念に引きずられていたと言えるのではないだろうか。本書で見てきたように，時の表し方はさまざまなのである。

13.4. 結語

　最後に余談になるが，スペインのマドリッドのスペイン広場には，ドン・キホーテとサンチョ・パンサの騎馬像がある。その上部に2体の女性像がある。ともに，ドン・キホーテが恋心を抱いた村娘のアルドンサだが，一方は村娘そのままの姿であり，も

う一方は，ドン・キホーテの妄想の中で，うるわしの姫君ドゥルシネーアにまつりあげられた姿である。同じ対象でも，見る側の意識によってまったく別の姿形に見えてしまうということを端的に表した像としておもしろい。ドン・キホーテと違って現実が見えているお供のサンチョ・パンサは，行く先々で主人の思い違いをたしなめるが，ドン・キホーテには理解できない。関連して，シーザー（Caesar）は，「人は見たいと思うものしか見えない」と言ったとされるが，真実を突いたことばだろう。

　これは言語に映る「世界観」について言えるだけでなく，本書の主張についても言えることだろう。これまで述べてきたこと，とりわけ英語の完了形や進行形，スペイン語の二つの過去形に関する主張は，「まえがき」でも断ったように，大胆な提案であるし，多くの文献の引用や解釈にも，筆者の思い込みや我田引水によるバイアスがかかっているかもしれない。そのあたりは，今後の研究によって検証や訂正がなされることを願ってやまない。読むべき文献も調べたい事項も際限がなく，まだまだ意は尽くせないが，どうやら，本書もこのあたりで切り上げる時間のようだ。

引用文献

安藤貞雄 (2005)『現代英文法講義』開拓社, 東京.

青木晴夫 (1984)『滅びゆくことばを追って――インディアン文化への挽歌』三省堂, 東京.

青木保 (1981)「境界の時間」『時間を探検する』(叢書 文化の現在 7), 大江健三郎ほか (編), 9–59, 岩波書店, 東京.

Austin, J. L. (1962) *How to Do Things with Words*, Oxford University Press, London.

Binnick, R. I. (1972) "*Will* and *Be Going To* II," *CLS* 8, 3–9.

Binnick, R. I. (1991) *Time and the Verb*, Oxford University Press, London.

Binnick, R. I., ed. (2012) *The Oxford Handbook of Tense and Aspect*, Oxford University Press, New York.

Burland, C. (1985) *North American Indian Mythology*, Peter Berdric Books, New York. [松田幸雄 (訳) (1990)『アメリカ・インディアン神話』, 青土社, 東京.]

Carroll, J. B., ed. (1956) *Language, Thought and Reality: Selected Writings of Benjamin Lee Whorf,* MIT Press, Cambridge MA.

Close, R. A. (1975) *A Reference Grammar for Students of English*, Longman, London.

Close, R. A. (1980) "*Will* in *If* Clause," *Studies in English Linguistics for Randolph Quirk*, ed. by S. Greenbaum, G. Leech and J. Svartvik, 100–109, Longman, London.

Comrie, B. (1976) *Aspect*, Cambridge University Press, Cambridge.

Comrie, B. (1985) *Tense*, Cambridge University Press, Cambridge.

Crystal, D. (2003) *The Cambridge Encyclopedia of the English Language*, 2nd ed., Cambridge University Press, Cambridge.

Dahl, Ö. (1987) *Tense and Aspect Systems*, Basil Blackwell, Oxford.

Declerck, R. (1984) "'Pure Future' *Will* in *If* Clauses," *Lingua* 63, 279–312.

Declerck, R. (1991) *A Comprehensive Descriptive Grammar of English*, Kaitakusha, Tokyo.［安井稔（訳）(1994)『現代英文法総論』開拓社，東京.］

ドイッチャー，G.（著）・椋田直子（訳）(2012)『言語が違えば，世界も違って見えるわけ』インターシフト，東京.［原題：*Through the Language Glass: Why the World Looks Different in Other Languages*.］

堂野前彰子（2014)『日本神話の男と女──「性」という視点から』三弥井書店，東京.

Dowty, D. R. (1975) "The Stative in the Progressive and Other Essence/Accident Contrasts," *Linguistic Inquiry* 6, 579–588.

Elliot, A. J. (1981) *Child Language*, Cambridge University Press, Cambridge.

Fludernik, M. (2012) "Narratology and Literary Linguistics," *The Oxford Handbook of Tense and Aspect*, ed. by R. I. Binnick, 75–101, Oxford University Press, New York.

Freed, A. F. (1979) *The Semantics of English Aspectual Complementation*, D. Reidel, Dordrecht.

藤井貞和（2010)『日本語と時間──〈時の文法〉をたどる』(岩波新書)，岩波書店，東京.

Grice, H. P. (1975) "Logic and Conversation," *Syntax and Semantics 3: Speech Acts*, ed. by P. Cole and J. L. Morgan, 41–58, Academic Press, New York.

Haegeman, L. (1989) "*Be Going To* and *Will*: A Pragmatic Approach," *Journal of Linguistics* 25, 291–317.

Halliday, M. A. K. (1985) *An Introduction to Functional Grammar*, Edward Arnold, London.［山口登・筧壽雄（訳）(2001)『機能文法概説──ハリデー理論への誘い』くろしお出版，東京.］

Halliday, M. A. K. (2002a) *Collected Works, Vol. 1* (On Grammar), ed. by J. J. Webster, Continuum, London and New York.

Halliday, M. A. K. (2002b) *Collected Works, Vol. 2* (Linguistic Studies of Text and Discourse), ed. by J. J. Webster, Continuum, London and New York.

Halliday, M. A. K. (2003) *Collected Works, Vol. 4.* (The Language of Early Childhood), ed. by J. J. Webster, Continuum, London and New York.

ハモンド,C.(著)・渡会圭子(訳)(2014)『脳の中の時間旅行——なぜ時間はワープするのか』インターシフト,東京.

原田茂夫(1977)『英語時制観の展開——第18世紀末まで』松柏社,東京.

Hewson, J. (2012) "Tense," *The Oxford Handbook of Tense and Aspect*, ed. by R. I. Binnick, 507–535, Oxford University Press, New York.

本多啓(2005)『アフォーダンスの認知意味論:生態心理学から見た文法現象』東京大学出版会,東京.

Hornstein, N. (1990) *As Time Goes By: Tense and Universal Grammar*, MIT Press, Cambridge, MA.

Huddleston, R. and G. K. Pullum (2002) *The Cambridge Grammar of the English Language*, Cambridge University Press, Cambridge.

飯島吉晴(1989)「昔話の仕掛け」『國文學』第34巻11号(昔話のコスモロジー),36–41.

池上嘉彦(1981)『「する」と「なる」の言語学:言語と文化のタイポロジーへの試論』大修館書店,東京.

今井むつみ(2010)『ことばと思考』(岩波新書),岩波書店,東京.

井上京子(1998)『もし「右」や「左」がなかったら——文化人類学への招待』大修館書店,東京.

ジャカン,F.(著)・富田虎男(監修)(1992)『アメリカ・インディアン——奪われた大地』創元社,東京.

Jespersen, O. (1931) *A Modern English Grammar on Historical Principles*, Part IV Syntax, George Allen & Unwin, London.

カーン,S.(著)・浅野敏夫(訳)(1993)『時間の文化史』法政大学出版局,東京.

Karttunen, L. (1971) "Implicative Verbs," *Language* 47, 340–358.

柏野健次(1999)『テンスとアスペクトの語法』(開拓社叢書9),開拓社,東京.

加藤周一（2007）『日本文化における時間と空間』岩波書店，東京．

北原美沙子（1977）「助動詞（3）」『文法II』（岩波講座　日本語7），大野晋（編著），146-189，岩波書店，東京．

金田一春彦（1988a）『日本語　新版（上）』（岩波新書），岩波書店，東京．

金田一春彦（1988b）『日本語　新版（下）』（岩波新書），岩波書店，東京．

Lakoff, G. and M. Johnson (1999) *Philosophy in the Flesh: The Embodied Mind and Its Challenge to Western Thought*, Basic Books, New York.

Lee, J.-W. "Tenselessness," *The Oxford Handbook of Tense and Aspect*, ed. by R. I. Binnick, 669-695, Oxford University Press, New York.

Leech, G. (1987) *Meaning and the English Verb*, 2nd ed., Longman, London.

Leech, G., M. Hundt, C. Mair and N. Smith (2010) *Change in Contemporary English: A Grammatical Study*, Reprinted with corrections, Cambridge University Press, Cambridge.

町田健（1989）『日本語の時制とアスペクト』アルク，東京．

Mair, C. (2012) "Progressive and Continuous Aspect," *The Oxford Handbook of Tense and Aspect*, ed. by R. I. Binnick, 803-827, Oxford University Press, New York.

真木悠介（1981）『時間の比較社会学』岩波書店，東京．

Malotki, E. (1983) *Hopi Time: A Linguistic Analysis of the Temporal Concepts in the Hopi Language*, Mouton, New York.

Mansilla, J. R. Z. (2006) "La Generación de Tiempo y Aspecto en Inglés y Español: Un Estudio Funcional Contrastivo," http://www.isfla.org/Systemics/Print/Theses/JuanRafaelZamoranoMansilla.pdf（2013年11月20日閲覧）

松岡光治（編）（2010）『ギャスケルで読むヴィクトリア朝前半の社会と文化』溪水社，広島．

松村瑞子（1996）『日英語の時制と相：意味・語用論的観点から』開文社出版，東京．

McCawley, J. (1971) "Tense and Time Reference in English," *Studies in Linguistic Semantics*, 97-113, ed. by C. Fillmore and T. Langendoen, Holt, Rinehart & Winston, New York.

McCoard, R. W. (1978) *The English Perfect: Tense Choice and Pragmatic Inferences,* North Holland, Amsterdam.

溝越彰（1999）「赤い時間・白い時間――インディアン言語と英語に見る時間意識と世界像」『アメリカ文化のホログラム』，阿野文朗（編著），255-281，松柏社，東京．

村上陽一郎（1977）「時間・空間」『時間・空間』（講座・現代の哲学 1），田島節夫ほか（編），3-45，弘文堂，東京．

Murray, L. (1971) *English Grammar, Adopted to the Different Classes of Learners*（復刻版）（宇賀治正朋解説・注釈），南雲堂，東京．

中島義道（2002）『時間論』（ちくま学芸文庫），筑摩書房，東京．

中埜肇（1976）『時間と人間』（講談社現代新書），講談社，東京．

中右実（1994）『認知意味論の原理』大修館書店，東京．

大橋保夫ほか（1993）『フランス語とはどういう言語か』駿河台出版社，東京．

大野晋（1977）「日本語の助動詞と助詞」『文法 II』（岩波講座　日本語 7），大野晋（編著），1-28，岩波書店，東京．

岡本夏木（1982）『子どもとことば』（岩波新書），岩波書店，東京．

オマリー，M.（著）・高島平吾（訳）（1994）『時計と人間――アメリカの時間の歴史』晶文社，東京．[O'Malley, M. (1990) *Keeping Watch: A History of American Time*, Viking Penguin, New York.]

小澤俊夫（1999）『昔話の語法』福音館書店，東京．

小澤俊夫（2009）『改訂　昔話とは何か』小澤昔ばなし研究所，東京．

Õim, H. (1973) "Presuppositions and the Ordering of Messages," *Trend in Soviet Theoretical Linguistics*, ed. by F. Kiefer, 123-134, Reidel, Dordrecht.

Palmer, F. R. (1974) *The English Verb*, Longman, London.

Quirk, R., S. Greenbaum, G. Leech and J. Svartvik (1985) *A Comprehensive Grammar of the English Language,* Longman, London.

Radden, G. and R. Dirven (2007) *Cognitive English Grammar*, John Benjamins, Amsterdam.

Ritz, M.-E. (2012) "Perfect Tense and Aspect," *The Oxford Handbook of Tense and Aspect*, ed. by R. I. Binnick, 881–907, Oxford University Press, New York.

Real Academia Española (2010) *Nueva Gramática de la Lengua Española*, Asociación de Adademias de la Lengua Española, Madrid.

Reichenbach, H. (1947) *Elements of Symbolic Logic*, Collier-Macmillan, London. [Reprinted in 1966 by The Free Press, New York.]

Ross, J. R. (1970) "On Declarative Sentences," *Readings in English Transformational Grammar*, ed. by R. A. Jacobs and P. S. Rosenbaum, 222–272, Ginn and Company, Waltham, MA.

坂部恵 (2008)『かたり――物語の文法』(ちくま学芸文庫), 筑摩書房, 東京.

真田信治 (2002)『方言の日本地図――ことばの旅』(講談社＋α新書), 講談社, 東京.

清水憲男 (1993)『NHK 気軽に学ぶスペイン語』NHK 出版, 東京.

篠田勝英 (1992)『はじめてのフランス語』(講談社現代新書), 講談社, 東京.

曾我松男 (1984)「日本語の談話における時制と相について」『言語』第 13 巻 1 号, 120–127.

Swan, M. (1995) *Practical English Usage*, 2nd ed., Oxford University Press, London.

竹内美智子 (1977)「助動詞 (1)」『文法 II』(岩波講座 日本語 7), 大野晋 (編著), 29–112, 岩波書店, 東京.

高橋作太郎 (1994)『アメリカ精神の英語』筑摩書房, 東京.

寺崎英樹 (1998)『スペイン語文法の構造』大学書林, 東京.

富田虎男 (1986)『アメリカ・インディアンの歴史』(改訂版), 雄山閣, 東京.

Traugott, E. C. (1978) "Spacio-tamporal Relations," *Universals of Human Language: Vol. 3 Word Structure*, ed. by J. H. Greenberg, 369–400, Stanford University Press, Stanford.

内山節 (1993)『時間についての十二章』岩波書店, 東京.

Vlach, F. (1981) "The Semantics of the Progressive," *Syntax and Se-

mantics 14: *Tense and Aspect*, ed. by P. Tedeschi and A. Zaenen, 271-292, Academic Press, New York.

Wada, N. (2001) *Interpreting English Tenses: A Compositional Approach*, Kaitakusha, Tokyo.

Wagner, L. (2012) "Primary Language Acquisition," *The Oxford Handbook of Tense and Aspect*, ed. by R. I. Binnick, 458-480, Oxford University Press, New York.

ヴァインリヒ, H. (著)・脇坂豊ほか (訳) (1982)『時制論——文学テクストの分析』紀伊國屋書店, 東京.

Wekker, H. C. (1976) *The Expression of Future Time in Contemporary British English*, North-Holland, Amsterdam.

Whorf, B. L. (1976) *Language, Thought and Reality*, MIT Press, Cambridge, MA.

ウォーフ, B. L. (著)・池上嘉彦 (訳) (1978)『言語・思考・現実』弘文堂, 東京.

ウォーフ, B. L. (著)・池上嘉彦 (訳) (1993)『言語・思考・現実』(講談社学術文庫), 講談社, 東京.

ウッド, N. (著)・金関寿夫 (訳) (1995)『今日は死ぬのにもってこいの日』めるくまーる, 東京.

山口明穂 (1977)「助動詞 (2)」『文法 II』(岩波講座　日本語 7), 大野晋 (編著), 113-145, 岩波書店, 東京.

安井稔 (1978)『新しい聞き手の文法』大修館書店, 東京.

安井稔 (1996)『英文法総覧 (改訂版)』開拓社, 東京.

安井稔 (2008)『英語学の見える風景』開拓社, 東京.

安井稔・久保田正人 (2014)『知っておきたい英語の歴史』(開拓社叢書 24), 開拓社, 東京.

辞　典

飛田良文ほか (編) (2007)『日本語学研究事典』明治書院, 東京.

亀井孝ほか (編) (1988-2001)『言語学大辞典』(全 7 巻), 三省堂, 東京.

金田一京助ほか (編) (1981)『新明解国語辞典 (第 3 版)』三省堂, 東京.

小稲義男ほか（編）(1985)『新英和中辞典（第5版）』研究社，東京.
小西友七ほか（編）(1993)『小学館ランダムハウス英和大辞典（第2版）』小学館，東京.
大野晋ほか（編）(1990)『岩波古語辞典（補訂版）』岩波書店，東京.
大塚高信・中島文雄（監修）(1982)『新英語学辞典』研究社，東京.
新村出（編）(2008)『広辞苑（第6版）』岩波書店，東京.
小学館国語辞典編集部（2006)『精選版　日本国語大辞典』小学館，東京.
竹林滋ほか（編）(1994)『新英和中辞典（第6版）』研究社，東京.
山口明穂・秋本守英（編）(2001)『日本語文法大辞典』明治書院，東京.

索　引

1. ［事項］の日本語はあいうえお順。英語は ABC 順で末尾に記載。［言語］と［人名］はあいうえお順（区切りなし）。
2. ～は見出し語を代用する。
3. 数字はページ数を表す。*f.* は次ページに続く，*ff.* は次ページ以後に続くの意味。ただし，章や節のタイトルとして現れるものは太字とし，最初のページのみを示す。

事　項

［あ行］

アオリスト　20, 165
アスペクト（相）　vi*ff.*, 11, **15**, 18, **19**, 28*f.*, 33, 41, 54, **58**, 63, 76*f.*, 95*f.*, 101, 106, 148*ff.*, 151, **154**, 156*f.*, 166, 184
アルマナック（almanac）　98
引用時制（quotative）　**180**, 184, 188
浮き彫り付与　165
牛時計　127
エコロジカル・セルフ（ecological self）　131*f.*
円環の時間（円環的時間）　**4**, 196, 201, 203

［か行］

回想的（時制）（retrospective）　29, 153
概念的機能（ideational function）　186*f.*
会話の公理（maxims of conversation）　24
拡張された時制（extended tense）　59
下降時間（descending time）　**8**, 10*f.*, 19, 153
過剰一般化（overgeneralization）　156
語りの時制　**163**, 171, 177
仮定法　103, 162, 178
　～現在　90, 137, 150
含意動詞（implicative verb）　**137**
感情(の)形容詞　145*f.*
完了
　～アスペクト（相）　17, **28**, 31,

221

101
～過去(形)（pretérito perfecto）105*ff.*, 165
～動詞（telic verb）155, 157
記述主義的誤謬（descriptivistic fallacy）23
規範文法(書)　93, 95
共過去（copreterito）108
継続相　17, 54, 58, 63
クロノス（Kronos）9*f.*
原形不定詞　135, **136**, 150
言語能力（linguistic competence）25, 207
言語の強制力　206*f.*
現在との関連(性)（current relevance）30, **35**, **41**, 79, 163
現実（realis）84, 179, 182*f.*
語彙的アスペクト（Aktionsart）63, 77, 155, 157
広大な現在（vast present）149, 151*f.*, 156
古事記　126
古代英語（OE）63, 85, 91
語用論　24, 79
根源的(用法)（root）185*f.*

[さ行]

サピア＝ウォーフの仮説　ix, 13, **204**, 207, 209
産業革命　**92**, 93, 96
参照時（reference time）**37**, **39**, 48*f.*, 50
時間の矢（time arrow）93
時制の一致　50, 90*f.*
私的自己（private self）132
始動相（＝起動相）17, 63
証拠時制（evidential）**182**, 184, 188
上昇時間（ascending time）**8**, 10*ff.*, 19, 151, 153, 198
状態動詞（stative verb）12, 56, **65**, 72*ff.*, 77, 81, 155
情報構造　141
初語　148, 154
叙実動詞（factive verb）139*f.*
叙想(法)（subjunctive）150*f.*, 158*ff.*
叙法（mood）**15**, 18, 21, 26, 50, 84, 90, 109*ff.*, 150*f.*, 162, 165, 184, 197, 210
心的態度（mental attitude）（＝発話態度）16, **21**, 25*ff.*, 41, 91, 125, 162, 164*f.*, **179**, 181, 184, 186
真理関数（truth function）24, 87, 134
真理条件　87, 138, 140, 143
遂行動詞　23
遂行文（performative sentence）22, 102
生態的時間（ecological time）127
世界創造の動詞（world-creating verb）140
接続法　16, 90, 112*f.*, 146*f.*
説明（＝話）の時制　162*f.*, 177
線過去　107
前過去　163

前提（presupposition） 136, 139

[た行]

太陰暦 6
大過去 48, 51, 163, 189
体系文法（systemic grammar） 27, 185
対人関係的機能（interpersonal function） 186f.
態度の過去（attitudinal past） 103
脱構築化（deconstructing） 178
達成動詞 149
単一相（動詞）（monophase） 12
知覚動詞 66
直示（的） 40, 52, 165, 171, 174
〜性（deixis） 14, 112
〜体系（deictic system） **14**
直説法 112, 151
直線的時間 5*ff.*
テキスト形成（的）機能（textual function） 186f.
点過去 106f.
動作動詞（active verb） 12, 74, 81, 155
時は金なり 93

[な行]

夏時間（daylight saving time） 127
認識様態的（用法）（epistemic） 185f.

[は行]

発話内の力（illocutionary force） 22f.
半過去（imparfait） 113f., 120, 155, 159, 163
反実仮想 137
非現実（irrealis） 84, 109, 160, 182f.
非叙実動詞（non-factive verb） 139
否定の極性（polarity） 135
付加疑問（tag question） 135f.
複合過去 31f., 52, 113, 163, 172, 191, 194
普遍の真理 50, 55
平叙文（＝陳述文） 16, 21, 23ff., 134f.
ヘブライの時間 6
ヘレニズムの時間 6
法（の）助動詞 16, 21, 84, 86f., 89, 91, 185f.
法の副詞 16, 26, 186
ポール・ロワイアル文法 191
ポストモダニズム小説 177
補文主語繰り上げ（raising） **139**

[ま行]

未完了
〜アスペクト（相） 19, 28, 96, 152ff.
〜過去（pretérito imperfecto） 105f., **107**, 111ff.

〜動詞（atelic verb） 155
命題（proposition） 24, 62, 87, 125, 134, 141
命令文 16, 21, 25, 56*f*., 63, 72, **135**, 137, 147, 154, 186
メタ言語（metalanguage） 75*f*.

[や行]

山里の時間 126
ユダヤの時間 6

[ら行]

連結動詞（copula） 84

[英語]

Cockney（ロンドン下町訛り） 94
it 置き換え 141
TMA 範疇 15, 18*f*.
Wh 疑問文 25
Yes-No 疑問文 25, 187

言　語 （英語・日本語を除く）

アゼルバイジャン語 181
アメリカ先住民言語（Amerindians）（＝アメリカインディアン語） 84, 192, 195, 201
アラオナ語（Araona） 192
イタリア語 50, 85, 101, 173
印欧語（Indo-European families） 11, 195
インドネシア語 148, 156
エストニア語（Estonian） 50, 180
カラボロ語（Karaboro） 19
カンバ語（Kamba） 190
キクシュト語（Kiksht） 192
キクユ語（Kikuyu） 10, 152*f*., 192
ギリシャ語（古代〜） 10, 20, 54, 165
ケチュア語（Quechua） 180, 192
ケルト系（言語）（Celtic） 11
グーグ・イミディール語（Gugu-Yimidhirr） 205
コム語（Kom） 7
サンスクリット語 20
ジルバル語（Dyirbal） 195*f*.
ズールー語（Zulu） 192
スウェーデン語 31, 44, 114
スペイン語 30, 85, 100*ff*., **105**, 120, 146*f*., 165, 174, 191, 211
スラブ語（系） 10*f*., 28, 31, 63, 83, 148
中国語 2, 101, 148, 156, 210
チェコ語 83
ツェルタル語（Tzeltal） 205
ティウィ語（Tiwi） 7
ドイツ語 10*f*., 32, 84*f*., 114, 163, 171, 173, 195
トルコ語 180*f*.
ネズ・パース語（Nez Percé） 8, 190, 194
ノルウェー語 31
バミレケ語（族）（Bamileke） 190
ハヤ語（Haya） 190, 193

バルト系 (Baltic) 11
バントゥー諸語 (Bantu) 191
ビルマ語 84, 160, 182*f.*
ヒンズー語 50
ブイン語 (Buin) 196
フィンランド語 50, 148
フランス語 29, 31*ff.*, 52, 56, 81*f.*, 101*f.*, 113*f.*, 120, 155, 159, 163, 165, 172*f.*, 191, 210
ブルガリア語 31, 50, 180*f.*
ヘブライ語 (現代〜) 148
ペルシア語 50
ベンガル語 (Bengali) 51, 192
北西コーカサス(諸)言語 193
ホーピ語 (Hopi) **196**, 204, 210
ポーランド語 83, 160
ポルトガル語 85, 101*f.*
ミクマク語 (Mi'kmaq, Micmac) 183
ヤンドゥルワンダ語 (Yandru-wandha) 7
ラテン語 1, 11, 20, **92**, 111, 114, 184
リムーズィ(語) (Limouzi) 194
ロシア語 83, 95, 115

人 名

アインシュタイン (Einstein) 188, 208
アウグスティヌス (Augustinus) 4
アリストテレス (Aristotle) 83*f.*
イェスペルセン (Jespersen) 59
ヴァインリヒ (Weinrich) viii, 163*ff.*, 173*f.*, 179
ウォーフ (Whorf) ix, **196**, 197, 204, 206, 210
エンデ (Ende) 97
オースティン (Austin) 21*ff.*, 165
カフカ (Kafka) 96
カント (Kant) 171
クワイン (Quine) 1*ff.*, 125, 206
ゲーテ (Goethe) 164
サピア (Sapir) 204
サルトル (Sartre) 32*f.*
チャップリン (Chaplin) 97
チョムスキー (Chomsky) 25, 40, 205*f.*
ディケンズ (Dickens) 70, 177
テイラー (Taylor) 97
ニーチェ (Nietzsche) 201
ニュートン (Newton) 6, 93, 188
ハリデー (Halliday) 27, 158, 185*ff.*
ピアジェ (Piaget) 159
フォード (Ford) 97
フランクリン (Franklin) 93
プルースト (Proust) 202
ヘミングウェイ (Hemingway) 166
ベンヴァニスト (Benveniste) 172
マリー (Murray) 95
ヤーコブソン (Jakobson) 206
ライヘンバッハ (Reichenbach) 38*ff.*
ラウス (Lowth) 94*f.*

溝越 彰（みぞこし あきら）

1974年，東北大学大学院文学研究科修士課程修了，1975年，同博士課程退学。静岡大学，東北大学勤務を経て，現在，東京女子大学教授，東北大学名誉教授。
主な著作：『音韻論』（共著，研究社出版，1985），『英語の発音と英詩の韻律』（共著，英潮社，1991），『ランダムハウス英和大辞典（第2版）』（小学館，分担執筆および校閲，1994），『プログレッシブ英和中辞典』（小学館，分担執筆および校閲，1998），「赤い時間・白い時間」（『アメリカ文化のホログラム』，松柏社，1999），『現代英文法辞典』（三省堂，項目分担執筆，1992），『日・中・英言語文化事典』（マクミランランゲージハウス，項目分担執筆，2000），「仕事で使える英語とは」（共著，『言語と社会・教育』，朝倉書店，2010）など。

時間と言語を考える
――「時制」とはなにか――

〈開拓社 言語・文化選書 61〉

2016年6月23日 第1版第1刷発行

著作者 溝越 彰
発行者 武村哲司
印刷所 萩原印刷株式会社

発行所 株式会社 開拓社

〒113-0023 東京都文京区向丘1-5-2
電話 (03) 5842-8900（代表）
振替 00160-8-39587
http://www.kaitakusha.co.jp

© 2016 AKIRA MIZOKOSHI　ISBN978-4-7589-2561-7　C1380

JCOPY ＜(社)出版者著作権管理機構 委託出版物＞
本書の無断複写は著作権法上での例外を除き禁じられています。複写される場合は，そのつど事前に，(社)出版者著作権管理機構（電話 03-3513-6969，FAX 03-3513-6979, e-mail: info@jcopy.or.jp）の許諾を得てください。